도파민 중독 시대를 역행하는
문우들의 성장통 에세이

내가 통과한 매운 계절들

정행글숲

프롤로그

2024년 가을, 서른 아홉 편의 에세이에 파묻혀 시간을 보냈다.
한 번 책상에 앉았다 일어날 때마다 눈이 붉어졌다.
한 사람 한 사람의 생애가 뜨겁고 진솔했기에.

내가 정행글숲 회원들에게 제시한 '성장통'이라는 주제에
여섯 분의 작가들은 기꺼이 자신의 흉터를 보여주었다.
서로 감동하고 공감하고 울고 웃었으며, 치유를 받는 이도 있었다.
고통을 나누는 것만큼 숭고한 소통이 있을까.
우리는 이렇게 글로써 피를 나눈 사이가 되었다.

쉬고 싶은 주말, TV만 내내 볼 수도 있고,
휴대폰만 붙잡고 있을 수도 있고,
친구들과 신나게 술을 마실 수도 있지만…
그 모든 유혹을 뒤로 하고 책상에 앉아
백지에 한 글자 한 글자 삶의 고통을 꿇어낸
정행글숲 회원들을 존경한다.
도파민이 넘치는 이 시대에.

2024년 겨울, 정행글숲 리더, 김지원 작가 씀.

* 저자소개

정행글숲   cafe.naver.com/23spring

'정답고 행복한 글숲'의 줄임말로, 김지원 작가가 이끌어가는 글쓰기 커뮤니티. 2023년, 부천시 평생학습센터에서 주관한 퇴근학습길 프로그램 '쉽게 배우는 감각적인 글쓰기' 클래스가 종료된 후, 해당 클래스의 강사였던 김지원 작가와 수강생 몇 명이 결성하여 꾸려나가고 있다.

김지원   creamy_heart@naver.com

정행글숲 커뮤니티를 이끌어가는, 글 없이 삶을 견딜 수 없는 작가. 저서로는 <오늘, 눈물 나게 좋은 순간>(2015), <오키나와 신혼일기>(2017), <옥길동에 바람이 분다>(2020), <미래에 가면 널 좋아하지 않는 내가 있는걸까>(2022)가 있다. 현재, 문화예술 콘텐츠 기업 '기지팩토리' 대표이자, '한국생산성콘텐츠협회' 회장으로 활동 중이다. 다양한 콘텐츠를 기획하고 시나리오를 집필하며, 스토리의 매력에 푹 빠져있다.

권정심   ffddggg1@naver.com

글을 쓴다는 것은 '특별한 작가들만이 할 수 있는 일'이라고 생각했었다. 그러나 2016년과 2017년, 백두대간 종주를 완주하면서 그 생각이 달라졌다. 산에서 만난 다양한 사람들, 거기서 배우는 인내와 지혜를 통해 내 자아정체성이 변화해감을 느꼈다. 이것을 기록하고 알리고 싶었던 마음이 글쓰기로 이어졌고, 퇴근학습길의 글쓰기 클래스를 수강한 후 이어진 작은 모임을 통해 이렇게 책을 펴낼 수 있게 되어 감사하고 기쁘다.

김미진   xygmi@naver.com

생명력을 전하는 피아니스트이자 교육자로서, 삶 속에서 '아름다움'을 끊임없이 연구하고 있다. '미(美)'는 강인한 생명력을 품고 있음을 믿으며, 이를 추구하는 것을 삶의 중요한 가치로 삼아왔다. 음악과 글을 통해 '아름다운 소리'를 세상에 전하고자 하는 앞으로의 여정이 기대된다. 현재 이화여자대학교 경영예술센터 연구원으로 활동하고 있으며, 서울자유발도르프학교에서 반주 강사로 재직 중이다.

김시남　sinamiga@naver.com

대나무 모죽과 관상잉어 코이를 사랑한다. '그 어떤 이도 때와 환경이 주어지면 쑥쑥 자랄 수 있다'는 것을 삶의 철학이자 지조로 삼고 있다. '신의경애(信義敬愛)' 가운데 평생 교육의 밭을 일구며 분주했다. 30여 년의 교직 생활을 서울 우신중·고등학교에서 시작하고 마무리했으며, 교사와 교장으로 역임한 끝에 현재는 학교법인 이사로서 교육 열정을 이어가는 중이다.

박주헌　juheonpark@naver.com

평범함으로 상을 준다면 대상을 받아야 할 지도 모른다. 중년의 나이, 누군가의 아들이면서 남편이자 아빠이기도 하며, 크지도 작지도 않은 회사의 직원이기도 하다. 거창한 목표를 세운 적은 없다. 그저 삶이 던져주는 문제에 답을 찾으며 살아왔다. 어떤 문제는 평범한 삶에서도 굴곡을 만들어냈다. 그 굴곡을 지나온 소회를 누군가의 마음에 닿게 하고 싶다는 작은 목표가 생겼다. 그렇게 된다면 덩실덩실 춤을 출 만큼 기쁠 것이다.

이복선　freesky101@naver.com

인생의 주름살이 하나둘 늘어가는 평범한 40대 주부이자, 20년 경력의 간호사이다. 다양한 시련과 성장을 겪으며 살아왔지만, 글쓰기는 또 다른 삶의 도전이자 모험이었다. 이 첫걸음이 이렇게 큰 결실로 이어질 수 있음에 깊은 감사를 느낀다. 글쓰기는 낯설고 두려운 도전이었지만, 그 과정에서 얻은 기쁨과 성찰은 새로운 활력을 불어넣어 주었다. 앞으로도 글쓰기를 통해 또 다른 나를 발견하며, 이 무모한 도전을 멈추지 않을 것이다.

이진아　wlsdkw00@naver.com

9살 아들을 키우며 종종 히스테릭한 모습으로 변신하는 현실적인 엄마. 17년 차 사회복지공무원으로 OO동 행정복지센터에서 근무하며, 다양한 삶의 모습을 가까이에서 마주하고 있다. 중년의 시선으로 주변의 사물과 사람들, 그리고 다양한 인간 군상의 모습을 관찰하고 기록하며, 그 속에서 생각하고 깨달음을 얻어가는 과정을 소중히 여긴다.

목차

- 프롤로그

Part 1 • 불안으로 그림을 그리던 계절

- 7 열일곱 살, 좌충우돌의 항해선 – 김시남
- 15 눈물의 오리엔테이션 – 이복선
- 23 사장님 나빠요 – 박주헌
- 31 이제라도 알아서 다행이야! – 김미진
- 36 그 무엇보다 값진 졸업 – 권정심
- 41 퇴사 후, 안개 속을 걷다 – 김지원
- 46 20대의 몸부림 그리고 안착 – 김시남
- 55 평생을 먹고 살기 위한 도전 – 김미진
- 61 러브콜이 오지 않으면? 내가 하면 되지 – 김지원

Part 2 • 나를 조각하던 계절

- 69 그땐 그랬지! – 권정심
- 74 서민의 연예인 – 박주희
- 83 네가 그럴 줄 몰랐다 – 이복선
- 89 Smile Soldier – 박주헌
- 96 대의를 위해 스스로 이별 집행관이 되다 – 김지원
- 100 잃어버린 습관을 되찾다 – 이복선
- 106 죽을 것 같지만 죽지 않는다 – 권정심

Part 3 • 벽에 몸을 부딪는 계절

- 113 진짜 꿈, 가짜 꿈 - 이진아
- 118 입사 두 달만에 맞은 해고 위기 - 김지원
- 123 첫 직장⋯ 참는 게 다는 아니었다 - 이복선
- 128 30대를 스치면서 - 김시남
- 135 컴플레인의 반전 - 김지원
- 141 한 치 앞만 봅니다 - 박주헌
- 147 내가 픽션을 쓸 수 있다니?! - 김지원
- 151 아프니까 교육이다 - 김시남

Part 4 • 시리게 뜨거운 계절

- 161 남겨진 아이 - 이진아
- 166 원팀이 되어보자 - 김미진
- 170 새로운 문이 열리다 - 이복선
- 176 늘 가까이에 있는 죽음 - 김미진
- 180 치열했지만 행복하고 따뜻했던 고척동 - 이복선
- 187 아이와 엄마와 어른 - 이진아

Part 5 • 쓴맛이 여운처럼 남은 계절

- 195 나 혼자 큰 줄 알았다 - 김미진
- 199 서있는 위치에 따라 보이는 풍경은 달리 보인다 - 박주헌
- 203 돈, 왜 나를 비껴가지? - 김미진
- 208 어쩌다 도전 - 권정심
- 212 내 취미는 부동산 공부 - 박주헌
- 217 꽃길을 봤니? - 권정심
- 221 깜빡거렸던 네온사인 - 김시남
- 228 예민한 오지라퍼 - 권정심
- 232 나는 깨금발로 천천히 다른 세상을 내다보기 시작했다 - 김시남

- 241 • 에필로그. 한 땀, 한 땀, 글을 짓던 계절

Part 1

불안으로 그림을 그리던 계절

열일곱 살, 좌충우돌의 항해선

김시남

오늘은 절기상 춘분이다. 일 년 중 낮과 밤의 길이가 같은 날이다. 학교법인 이사회가 있어 교장으로 근무했던 학교에 이사의 한사람으로서 참석했다. 복도에서 바라보는 창밖의 은행나무는 녹색 점을 찍은 듯 푸른 기운을 허공에 뿌리고 있다. 점심시간이 조금 지난 시간, 하늘은 비를 뿌릴 듯 흐느낌을 머금고 있고 마음은 과거의 회상으로 침잠된다. 그런데 인조 잔디 운동장 건너 닫혀있는 교문을 타고 넘는 두 녀석이 있다. 가방을 먼저 던져 놓고 차례로 교문의 푸른 철문을 타고 넘어간다. 얼굴에 가볍게 웃음이 깔린다. 그 현장을 바라보면서 방황과 일탈의 내 고등학교 1학년 시절로 달려간다.

고등학교라는 배를 타고 항해를 떠났다. 뚜렷한 지향점 없이 그저 그렇게 어쩔 수 없이 가는 배라 순풍을 타고 순탄하게 항해하는 배는 아니었다. 폭풍을 만난 것처럼 많이 좌충우돌하는 향해선에서 난 중심을 잡지 못하고 많이 흔들거렸다. 1학년에 입학하여 중간고사가 끝난 지 얼마 지나지 않은 5월 말이었다. 아직 초여름이지만 조금 덥게 느껴졌다. 가로수와 산천은 이미 신록을 넘겨 풍성해진 푸르름을 더하고 있었다.

누가 먼저랄 것도 없이 친구 3명과 함께 조금 멈칫거리다가 교사

뒤편의 담쪽으로 힘차게 달려나갔다. 모자를 구겨서 넣은 책가방은 책이 한두 권밖에 들어있지 않아 가벼웠다. 하얀 플라스틱으로 된 명찰은 반이 부러져 덜렁거렸다. 누가 봐도 불량학생의 이미지가 여름의 녹음처럼 짙게 묻어났다. 먼저 담장 너머 대로변으로 가방을 던져놓고 한 사람씩 담장을 넘어 나비가 꽃에 내리듯 사뿐히 내려앉았다. 그리고 서로의 얼굴을 마주보며 활짝 웃는다. 소위 '땡땡이' 성공 의미로의 자축이다. 학교와 그리 멀지 않은 거리에 샛강이 있었다. 그 강의 다리 밑은 우리가 항상 모여 그 날 행동지침을 협의하고 엉뚱하고 모난 짓거리를 꿈꾸는 비위 지향 아지트였다. 바위틈에 숨겨놓은 담배를 꺼내 나누어 피우는 장소였고, 도시락을 까먹는 장소이기도 했다. 선생님, 친구들의 험담을 하기도 하고, 친구들이 데리고 온 다른 학교 여학생과 미팅을 가끔 하기도 했다. 책가방에 준비해 온 18인치 통 넓은 빨간 바지와 노란색 샤츠를 꺼내 통 좁은 회색 교복바지와 바꿔 입었다. 삼류 영화관에 좀 야한 영화를 보러가기 위해 한껏 멋을 부리고 서로 쳐다보며 웃어본다.

함께 어울렸던 친구들은 정상적인 가정과는 다소 거리가 멀었다. 할머니와 함께 생활하는 녀석, 계모 영향권에서 성장하는 녀석, 술주정뱅이 아버지는 가출하고 어머니와 함께 살고있는 녀석, 그리고 나. 나는 정상적인 가정에서 생활했고 경제적 어려움 없이 성장했다. 다만 아버지의 엄격함과 강한 성격으로 자연스런 소통은 쉽지 않았다. 일방적인 지시일변도의 강요된 명령이 전부였다. 공부는 잘해야 하고 무조건 사회적 출세를 해야 된다는 중압감을 안겨주었다. '넌 할 수 있을거야',

'넌 그래야만 해'라는 지나친 아버지의 기대감이 심한 부담으로 안겨졌다. 난 부모님이 바라는 수준에 다다르지 못했고 답답함과 심한 무력감만을 느끼며 소일했다.

그 당시 고등학교 입시는 전후기로 나누어져 있어 학교별 입학시험을 거쳐 합격을 해야 진학이 가능했다. 전기 고등학교에 불합격하면 후기 고등학교로 진학할 기회가 열려있었다. 초등학교에서 시험을 보고 선택한 중학교는 누구나 쉽게 합격할 수 없는 명문중학교였고 그런대로 성적을 유지할 수 있어서 지명도 있는 명문 고등학교에 응시했으나 불합격했다. 곧이어 후기에 진학한 곳이 인문계 고등학교인 나의 학교였다. 이 학교는 남녀 중·고등학교가 함께 존재하는 캠퍼스 구조였다. 스쿨버스로 남녀가 함께 등하교를 할 수 있어서 이성간의 교제가 쉽게 이루어질 수 있었다. 나 역시 호기를 부려 시도한 몇 번의 교제가 버스를 매개로 성사되었다.

다니고는 있지만 내가 진학하고 싶은 고등학교가 아니어서 쉽게 적응하지 못했다. 명문고등학교 진학에 실패한 자괴감에 방황과 갈등은 끊이지 않았다. '행복은 성적순이 아니야'를 스스로 자위하는 문구로 삼아 학교 공부는 쉽게 포기해 버렸고, 좋은 학교가 아니라는 열패감에 사로잡혀 그저 친구들과 어울려 노는 장소로 취급했다. 이상향을 꿈꾸고 비전을 향해 내달려야 하는 청소년의 갈망과는 거리가 먼 곳으로 빠져들어 스스로 인생의 난파선에 올랐다는 느낌조차 인지하지 못했다. 정상적 학교생활은 그 방향감각을 잃어버렸고 일탈의 파선만 길게 그려갔다. 친구들을 통해 알게 된 여학생들과 기타를 들고 여행을 다니며 어울려 노는 데만 집중했다. 사춘기의 야릇한 이성간의 접촉이 나를 설레게 했고 묘한 흥분에 마법에 걸린 듯 황홀했다. 그러는 사이 성적은 바닥을 쳤고 내일은 없고 오늘만 즐기면 된다는 17세, 나의 고교 1학년 생활은 사춘기의 방황과 일탈로 가득찼다.

당시 조그만 반농반어촌의 지역에서 태어나 전학을 통해 대도시 초·중·고등학교에 진학했고 하숙생활을 하며 공부하고 있었다. 이러한 여건으로 인해 부모형제의 시야에서 벗어나 자유분방하게 친구들과 어울릴 수 있었다. 친구들 역시 농어촌 지역 출신들이라 자취생활을 하며 혼자 지내는 경우가 많았다. 이로 인해 학교에서 벗어나면 쉽게 모일 수 있는 공간이 마련되었고 집단으로 모여 외박도 하면서 밤새 만화책을 볼 수 있는 여건도 만들어져 정상적인 학교생활과는 괴리되어 갔다. 어찌 살다 보면 되겠지, 될 대로 되라는 사고만 살아 꿈틀거렸다. 현재 내가 살아 있는 것의 가치만 소중히 여기며 내가 누구이며 내 위치가 어디에 있고 내가 왜 여기에 있어야 하는지에 대한 생각은 아예 하지도 않았다. 학교생활의 리듬이란 오로지 친구들과 모여 잡담하고 담배 피우며 학생의 신분과는 거리가 먼 비행을 저지르는 것이었고, 그것이 전부였다.

부모님은 내가 타지에서 힘들게 공부한다고 마음 아파하면서 내가 요구하는 학비와 생활비는 부족하지 않을 만큼 충분하게 소액환(당시에 우편으로 보내주는 소액의 증서를 우체국에 가면 현금으로 바꾸어

주었음)으로 보내 주었다. 간절한 부모님의 정성과 열망대로 착하고 성실하게 자신의 목표를 세워 학업에 정진해야 하나 내 주변의 여건들과 정제되지 못한 자신의 구겨진 사고로 인해 헤어 나올 수 없는 나락으로 떨어지고 있었다.

이러는 사이 상위였던 입학성적이 무색하게 전체 68명 중 48등으로 떨어졌다. 제대로 된 인간 만드는 것이 자신의 교육적 신념이라는 미명하에 담임 선생님은 매번 폭력을 행사했다. (그 당시에는 너무나 당연하게 취급되었다.) 각목에 맞아 시퍼렇게 멍든 엉덩이와 종아리, 슬리퍼로 맞아 무늬 자국이 생긴 뺨, 사이 사이 볼펜을 넣어 눌러 부어오른 손가락, 플라스틱 자에 맞아 부어오른 손등의 육체적 고통은 때린 교사를 향한 혼잣말 욕지거리로 푸념하며 해소하였다. 하교 후 모인 친구들은 방바닥에 서로 엉덩이를 까놓고 연고를 발라주며 '넌 맞아도 싸!' 하는 농담 속에 호탕한 웃음을 섞으며 서로를 위로했다.

얼마간의 시일이 흐른 후 담임 선생님으로부터 가정통신문이 부모님께 발송되었다. 학교로부터의 호출은 부모님께 엄청난 실망과 충격을 안겼고 난 부모님으로부터 꾸중과 심한 폭행을 당했다. 순간 억제할 수 없는 분노는 가출로 이어졌고 어둠이 내리는 공원벤치에 앉아 하염없이 눈물을 흘렸다. 때마침 불어오는 바람은 볼을 타고 흐르는 눈물에 차가움을 안겼다. 자신을 되돌아 보았다. 번민과 후회가 동반되면서 다시 새롭게 시작해 보자는 각오가 순간 솟아났다. 이게 내 아픔과 방황의 터닝포인트가 되려나? 집으로 귀가하는 발걸음은 더없이 무거웠고 텅 빈 버스 정류장 벤치에 멍하게 앉아 느끼는 공허가 불빛에 흐르는 어둠과 섞여 정화될 수 없는 탁색을 내 가슴에 뿌리는 것 같았다.

눈물을 떨구며 처연하게 앉아있는 가운데 희미하게 누군가 다가오는 것이 보였다. 순간, 서로 마주치는 눈빛에 형용할 수 없는 교감이 형성되며 자연스럽게 대화가 이어졌다. 나보다 한 학년 위 여자고등학교 2학년 선배였다. 울고 있는 내가 걱정되었는지 선배는 이런 저런 이야기를 건네주었다. 그때 나눈 대화 중 여전히 기억에 생생하게 남아있는 말들.

"세월이 흐르면 친구 관계는 어차피 새롭게 정비될 수 있는 것이니 친구에 매몰되어 너 자신을 잃어버리면 안된다."

"너무나도 당연한 일반적 잘못을 잘못으로 인식하지 못하는 사람은 동물에 가까운 존재이고 자신이 선택해서 행한 결과는 책임을 져야 하는 게 진짜 인간이란다."

철없이 방황하던 고등학교 1학년 학생이었던 나에게 한 살 선배의 인생에 대한 성숙한 태도는 신선한 충격이었다. 지금까지 살아온 나의 과정을 함축적으로 표현해 던지는 것 같아 부끄러운 마음으로 선배의 눈을 응시했다. 눈물이 흘렀다. 선배는 나의 손을 꼭 잡으며 등을 토닥거려 주었다.

그때 떠오른 것이 '빙산의 일각'이다. 내 안에는 숨은 90%가 있다. 지금 밖에 표출된 것은 고작 10%밖에 안될 수 있다. 가슴 속에 숨어있는 90%를 꺼내어 살아간다면 환한 출구를 만들 수 있다는 희망이 생겼다. 그 후 몇 개월 동안 선배와 난 많은 대화를 나누었다. 내 자신의 이야기와 고민을 이야기했고, 선배는 '내가 탄 항해선은 아직 난파선이 아니니 안전한 항구에 정박해 새로운 내일의 또 다른 항해를 그릴 수 있을 거'라 격려했다. 다음 항해를 위한 반전의 계기는 부모님과 선생님의 관심도 중요한 역할을 했지만 우연하게 버스 정류장에서 만난 선배와의 대화였다. 그것이 희망의 징검다리를 만들 수 있게 해주었다.

새로운 출발이라는 신호탄을 쏘아 올렸다. 그 후 부모님이 학교를 방문하여 담임교사와 교감선생님에게 깊은 용서를 구해 다행히 무기정학에서는 벗어날 수 있었다. 1973년 12월 초. 아직 본격적인 겨울의 절기는 아니었으나 옷깃을 여미게 하는 칼바람이 시린 가슴에 파고들었다. 좌충우돌하며 목적 없는 항해를 했던 나의 고등학교 1학년 생활은 이렇게 다음을 준비하기 위한 조용한 항구에 닻을 내렸다.

담을 넘는 학생들을 보면서 사춘기 성장통을 겪는 학생들을 생각했다. 청소년기는 아동기에서 성인기로 넘어가는 과도기이다. 이 시기에는 자아정체성에 대한 혼란을 경험할 수 있다. 때로 자신의 처지를 비관하게 되고 왠지 자신에게만 행운이 주어지지 않는 것 같은 불공평함도 느낄 수 있다. 우리 곁에서 방황하는 청소년의 문제는 부모, 교사는 물론 함께하는 이웃들의 애정과 관심 그리고 보살핌으로 얼마든지

극복될 수 있다.

인생의 여정을 행복과 불행으로 나눈다면 나의 17세는 분명 불행이라 말할 수 있다. 그러나 그 불행하고 어두웠던 시기는 어둠을 딛고 당당하게 일어서는 삶의 성장통이라 여겨진다. 고등학교 1학년의 방황은 현재 내가 존재하기 위한 밑거름이었기에 교문의 벽을 넘는 저들에게 미소를 보낼 수 있는 것이리라.

불현듯 1959년 제작된 영화 '400번의 구타'에서의 소년 앙뜨완 두와넬이 생각난다. 권위주의적인 부모와 몰이해로 가득한 선생님에게서 벗어나 자유를 찾아낸 12살의 그는 어떻게 새로운 내일을 찾아낼까?

오늘은 이 영화를 다시 봐야겠다.

눈물의 오리엔테이션

이복선

"몇번이세요?"

학번이 부여되고 우린 번호대로 방을 배정받았다. 연속된 번호 4명이 같은 방인 것이다.

"전 25번이요."

1998년, 간호대학을 입학하고 첫 오리엔테이션에 왔다. 1박 2일 일정으로 한방에 4명씩 배정받은 우리는 통성명을 하고 모두 동갑임을 알게 되었다.

어색하기도 했지만 자연스럽게 4명이 O.T 수업을 듣고 밥도 먹으러 갔다. 룸메가 된 우리는 자연스럽게 서로 의지가 되었다. 난 동기들과 저녁식사를 하고 화장실에서 이를 닦고 있었다. 그런데 4명 중 한 명이 나에게 오더니 눈이 벌게지며 떨리는 목소리로 말했다.

"너는 간호학과 어떻게 오게 됐어?"

동기의 갑작스런 질문에 그리고 상기된 표정에 놀라며 말했다.

"엄마가 추천해주셨어. 취업이 잘된다고. 난 성적에 맞춰서 온거지 뭐, 내 꿈이 간호사는 아니었어."

그런데 나의 대답이 끝나기도 전에 내 동기는 울먹이기 시작했다. 그러더니 펑펑 소리 내어 울었다. 난 당황한 나머지 칫솔을 문채 동기에게 다가가 안아주며 토닥였다. 왠지 말 안 해도 알 것 같았다. 그 울음소리를 들은 몇몇 동기들도 와서는 눈을 동그랗게 떴지만 난 아무 말도 할 수 없었다. 그 동기는 한참을 울다 말했다.

"나도 엄마가 취업해야 하니 간호학과를 가라고 해서 억지로 왔어. 집이 경제적으로 어려워졌거든, 내가 가고 싶은 과는 여기가 아니었는데…"

다들 같은 상황이었다. 그 친구를 위로하려다 다들 같이 울었다. 사실 우리가 신입생이 된 1998년은 IMF 외환위기 때로 나라 분위기도, 각각의 가정들도 어려운 경제상황으로 어두운 분위기였다. 다들 어려운 집들이 많았기 때문에 다 비슷한 상황과 사정으로 간호과에 들어온 친구들이 많았던 것이다. 그래서인지 밝고 즐거워야 할 신입생 오리엔테이션 분위기는 조용하고 차분했다.

그렇게 시작된 대학생활은 3년 내내 만만치 않았다. 4년제가 아니었기 때문에 내가 수업을 신청할 수 있는 수업은 교양과목 정도였고 고등학생보다도 더 꽉 찬 일주일을 보내야했다. 아침 9시부터 저녁 5시까지 풀 수업에 점심시간은 20분만 주어져서 도시락을 못 싸온 날에는 학교 앞 가게에서 저렴하고 빨리 먹을 수 있는 핫도그로 버텼다. 물론 학식도 있었지만 그 돈도 아끼려고 하는 친구들이 대부분이었다. 친구들과 나까지 4명은 도시락 파였다. 그러다 아주 가끔 학식을 먹곤 했었다. 그리고 수업과 수업사이 10분, 그 시간에는 엎드려 잠을 잤다. 이건 고등학교 생활보다도 더 힘들었다. 대학생이 되면 놀 수 있다더니 수업은 5시까지 풀수업이 일주일에 4일은 되었고, 책은 고등학생 시절보다 더 두껍고 무거웠다.

하지만 성적이 안 되면 못 들어오는 과이기도 했고 나름 취업이 보장되는 과라는 프라이드도 있긴 했었다. 가끔 선배들이 와서 어디에 취업을 했다는 말을 해주시긴 했지만 정말 와 닿지가 않았다. 그렇게 1학년은 정말 방황을 많이 했다. 과연 간호학과가 나에게 맞는 것인지에 대한 고민이 가장 컸다. 그리고 고등학교 시절 암기과목을 싫어했는데 막상 와보니 다 외우는 수업이었는데 모든 과목에서 다 의학용어를 외워야 했다. 정말 적응이 어려웠다. 재수를 하고 싶었지만 어려운 가정환경에 엄마는 재수는 안 된다고 일침을 놓으셨다.

큰 학비가 들어가니 용돈이라도 벌고 싶어서 영등포역 앞에서 카페 알바를 했다. 수업이 끝나고 전철을 타고 오면 6시였다. 그때부터 12시까지 일하고 막차를 타고 집에 가곤 했다. 두달을 하다가 코피도 쏟고 학교 시험은 망치고 이도저도 안 돼서 그만 뒀다. 하지만 학과공부에 집중이 되지는 않았다. 그러다 테트리스라는 게임을 하게 되었다.

불안으로 그림을 그리던 계절 17

스트레스로 현실 도피가 필요했던 것 같다. 집에서 밤늦도록 게임을 하다가 다음날 학교에 가면 학교 칠판에 테트리스가 내려오곤 했었다. 눈으로 내려오는 테트리스를 맞추며 나만의 도피를 하고 있었다.

사실 난 어렸을 적부터 아이들을 좋아해서 초등학교 선생님이 꿈이었다. 하지만 교대는 내 성적으로는 갈수가 없었다. 엄마는 내가 어렸을 때 주사놀이도 많이 하고 남을 도와주는 일이 성격에 잘 맞을 거라고 하시면서 간호사를 적극 추천하셨던 것이다. 친구들 중에도 자기가 간절히 원했던 과라기 보단 현실적인 이유로 온 친구들이 더 많았다. 적응을 잘하며 성적을 잘 내는 친구들도 있었지만 여름방학이 지나 개강 이후에 안 나오는 친구들도 더러 있었다. 재수를 하거나 다른 길을 선택할 수 있음이 너무 부러웠다.

방황의 1학년을 보내고 2학년이 되어 실습이 시작이 되었다. 2주 수업, 2주 실습을 했다. 그렇게 두 달 정도 하면 바로 중간고사, 또 다시 정신없이 실습을 두 번 정도 하고 나면 기말고사였다. 그러면 한 학기가 끝나고 바로 다음 학기였다. 실습은 정말 정신없이 진행이 되었다. 어떤 때에는 이론을 아직 못했어도 먼저 실습병원을 나가기도 했었다. 그 중에서도 기억에 남는 것은 정신과 실습이었다. 청량리 정신병원에 갔는데 간호학생들에게 병원에서 근무하는 간호사 선생님이 말했다.

"환자들에게 절대 뒤를 보여주지 마세요. 등을 보이면 안됩니다."

안전사고의 문제로 그렇다고 했다. 어찌나 긴장하고 두려웠는지 2주 실습이 어떻게 지나갔는지 모를 정도였다. 약 복용시간이 되면 환자들이 간호사실 앞에 일렬로 줄을 서서 약을 먹고 입을 아 벌려서 약을 다 복용했는지 확인하였다. 일반 병원과는 너무 다른 광경이었다. 그리고 어느 날 병실에서 환자 한 분과 대화를 하게 되었는데 처음에는 일상적인 대화를 했다. 그런데 말하다보니 이야기가 점점 산으로 가고 있었다. 본인이 우주에 갔다 왔다고 하다가 또 유명 연예인과 사귀고 있다고 하면서 점점 현실세계가 아닌 자기만의 세계를 나에게 말하고 있었다. 그때 느꼈다. 겉으로는 정말 아무렇지 않아 보이는데 아프신 분이 많다는 것을 알았다. 정신과 실습이 끝나고 학교 수업으로 복귀했다. 우리 반 학생 한 명이 또 그만두었다. 이해가 되기도 하고 또 부럽기도 했다.

'적성이 아니라고 생각했겠지. 이번 실습은 좀 힘들긴 했어.'

난 어느새 그냥 해야 할 일이라고 생각을 하고 있었다. 적성에 맞고 안 맞고는 나중이었다. 그런 걸 생각할 여유가 없었다. 일단 간호사 면허시험에 합격해야 했고 졸업을 해야 했던 것이다. 나와 오리엔테이션 때 한방을 쓰던 동기 친구들도 모두 그랬다. 이게 나와 딱 맞는다는 생각은 아무도 안 했다. 그냥 우리는 적응이 되어갔다. 때로는 밥 먹을 시간이 없어 병원 계단에서 빵을 사먹고 또 실습 중에 학생은 엘리베이터를 이용하지 말라는 지침에 계단으로만 다니다보니 실습이 끝나면 1~2kg은 빠져 있었다. 실습이 아니라 정신력 훈련인가 하는 생각도 들었다. 하지만 난 이론수업만을 할 때보다는 실습이 나에게 더 맞는다는 생각이 들었다. 이론 수업을 할 때보다는 고민을 덜 했던 것 같다. 하지만 힘들지 않았던 건 아니었다. 실습이 끝나고 병원을 나와 친구와 통화를 하면서 펑펑 울기도 했었다.

여러 파트들의 실습이 끝나고 우리는 면허시험에 떨어지면 다음 해에 후배들과 수업을 또 들어야 한다는 공포에 열심히 할 수 밖에 없었다. 8과목에다가 과락이 있었기 때문에 한 과목에만 치중해서도 안 되었다.

그때 울었던 동기들과 나 모두 면허시험에 합격했다. 그렇게 안 맞는다고 생각하고 또 취업의 압박으로만 들어왔던 과이지만 졸업 후엔 4명 모두 병원으로 취업해서 일을 했다. 학교와 병원은 달랐다. 막상 취업을 하고 보니 나는 이론보다는 실전에 강한 사람이었다. 물론 일을 처음부터 잘했던 건 아니었다. 병원에 입사한지 한 달 정도 지났을 때였다. 내가 일했던 곳은 정형외과 병동으로 수술을 한 환자들이 많아서 항생제 주사 처치가 산더미 같이 있었다. 그때 당시 한 병동에 거의 50명이나 되었었다. 나는 서툰 신규간호사로 한 번에 처치를 못하고 혈관 찾는 걸 실패해서 다시 주사를 놓느라 시간이 엄청나게 지체가 되었다. 이대로라면 제시간에 못 끝낸다는 생각에 등에 땀이 주르륵 흘렀다. 나름대로 열심히 했지만 절반쯤 마쳤을 때는 제시간에 업무를 끝마치기는 힘들겠구나 하고 체념하고 있었다. 그 생각으로 커브를 돌며 다음 처치를 하려고 했더니 그 병실부터는 이미 처치가 끝나있었다.

생각지도 못 한 일이었다. 알고보니 그날은 나보다 2년 위의 학교 선배 선생님이 같이 근무를 했었는데 내가 신규라 서투르다는 걸 알고는 빨리 하라고 질책하지 않으시고 내가 처치를 할 동안 절반이나 도와주셨던 것이다.

"어... 선생님 감사합니다. 제가 너무 처치가 늦었죠. 죄송해요." 나는 떨리는 목소리로 말했다.

하지만 그 선배는 그냥 아무렇지 않게 "어, 내가 했으니까 정리만 하면 돼."라고 말하시며 다른 병실로 휙 들어가셨다. 선배의 쿨하게 가는 뒷모습이 정말 멋져 보였다. 그리고 눈물이 핑 돌 정도로 감사했다. 그날 결심을 했다. 앞으로 더 열심히 해야겠다고 그리고 빨리 실력이 좋아져서 저 선배가 나랑 일할 때 내가 조금이라도 도와드릴 수 있는 후배가 되어야겠다고 생각했다. 그 날 이후로 더 열심히 배우고 공부를 하게 되었다. 그러면서 선배들과 친해졌고 일은 바쁘고 힘들었지만 적응이 되어가며 병원 생활이 즐거워지기 시작했다. 아무리 힘들어도 견딜 수 있는 힘이 생겼다. 나도 그 선배처럼 실력 있는 간호사가 되고 싶었기 때문에 열심히 일을 할 수 있었다. 그렇게 나는 성장하고 있었다. 그리고 그 병원을 퇴사한 후 다른 병원으로 이직했을 때는 난 환자들이 기다리는 간호사가 되어 있었다. 수술 전에는 굵은 바늘을 꽂아야 하는데 나는 어느새 능숙하게 혈관을 잘 찾아내 한 번에 처치를 잘하는, 그러니까 환자들 사이에서 주사 잘 놓는 간호사라고 소문이 났던 것이다. 다음날 출근해서 병실을 들어가면 나를 기다렸다고 웃으며 반기는 환자분들의 모습을 보면서 '내가 간호사가 되길 잘했구나'라는 생각이 들고 뿌듯했다. 때론 병원생활은 3교대에 체력적으로 너무 힘들었지만 나중에는 경력이 되자 상근직으로 일하며 환자들에게도 인정받고 동료들과도 즐겁게 일해 자존감도 올라가고 보람을 느끼며 재미있게 임상에서 일할 수 있었다. 지금 생각해보면 대학생이 된 첫 1년이 가장 힘들었고 고민이 되던 한 해였다. 그때는 어떤 탈출구가 필요했고 회피하고 싶기도 했었다. 고되고 힘든 대학생활이었지만 우리는 각자 돌파구를 찾기도 했고 때로는 회피하기도 했다. 하지만 포기하지 않고 끝까지 했기 때문에 지금의 성장한 내가 있을 수 있었다.

40대가 된 지금 생각해 보면 그때 만큼은 아니지만 나름의 시련은 계속 찾아온다. 나는 지금도 어떤 문제가 닥쳤을 때 회피하기도 하고 때로는 방황하기도 한다. 하지만 결국엔 해내야 겠다는 마음은 그때와 같다. 우울하게 대학교를 입학해서 방황도 했던 대학 생활이었지만 다행히 면허시험에 합격하여 신규 간호사가 되었다. 취업 후에도 쉽지는 않았으나 첫해를 보내고 나니 난 조금씩 단단해지고 다듬어 지고 있었다. 심지어는 나와 잘 맞는 직업이라고 생각하게 되었다. 다른 일들도 마찬가지라고 생각한다. 처음엔 '서툴고 힘든 일'이지만 이겨내고 해내면 그 다음은 '할 수 있는 일'로 바뀐다. 그러다 좀 더 경력이 쌓이면 '잘 하는 일'로 바뀌게 된다. 나는 그런 소중한 경험을 한 것이다. 방황도 하고 힘들었던 나의 대학 생활과 첫 직장에서의 경험은 아플 때 맞으면 컨디션이 좋아지는 영양 수액처럼 지금도 나에게 힘을 주고 있다.

사장님 나빠요

박주헌

세상이 곤히 잠든 새벽 3시. 이곳은 오후 3시와도 같은 활기로 가득하다. 키보드와 마우스 소리, 자욱한 담배 연기 사이로 사람들이 저마다 모니터를 들여다보며 웃고, 탄식하기를 반복한다. 나는 그 사람들을 도와주고 지켜보는 일을 하고 있다. 다른 말로 하면 'PC방 아르바이트'다.

대학 3학년이 된 지금, 대학 생활도 중반을 지나며 나름 선배의 위치에 있었다. 학과 학생회장이라는 직함까지 있어 후배들을 상대하는 데 드는 '방어 비용'이 대폭 늘어난 시기였다. "선배님~ 형~ 오빠~ 밥 사 주세요, 술 사 주세요~"라는 말이 끊이지 않았다. 여름방학을 맞아 늘어나는 방어 비용을 감당하기 위해 아르바이트 자리를 알아보던 중이었다. 노는 것을 중요하게 여기던 시절이라, 사람들과 어울리는 저녁 시간을 지키기 위해 마트나 식당처럼 주간에 일할 수 있는 곳을 주로 선택했다. 하지만 주간근무 만으로는 원하는 만큼의 보수를 벌기 어려웠다. 결국 두 가지 선택지가 있었다.

시급이 높은 일을 찾거나, 더 오랜 시간 일하는 방법이었다. 시급이 높은 일은 두 가지로 나뉘었다. 공사장 같은 고강도의 육체노동이거나, 과외처럼 스펙이 필요한 일이었다. 공사장 일은 너무 힘들 것 같아 제외했고, 과외는 다니던 대학의 이름값으로는 수요를 기대하기 어려웠다. 그래서 고수익보다는 시간 투자를 통해 돈을 벌 수 있는 곳을 찾기 시작했다.

마침내 최저 시급을 받지만 일하는 시간이 길어 목표 금액을 맞출 수 있는 아르바이트를 발견했다. 집 근처 PC방의 야간 아르바이트 자리였는데 저녁부터 다음 날 아침까지 꼬박 밤을 새우는 일이었다. 하루 12시간씩 근무할 수 있다는 점이 최대 강점이었다. IT 전공자라고 해서 컴퓨터를 다 잘 다루는 건 아니었지만, 어릴 때부터 직접 PC를 조립했었고 게임도 좋아해서 PC방 업무에 자신이 있었다.

면접을 위해 찾아간 곳은 동네 근방 지하에 있는, 비교적 작은 PC방이었다. 사장님은 30대로 보이는 남자였는데, 내가 컴퓨터에 대한 기본 지식과 의욕이 있다는 점에 만족한 듯했다. 그는 다음 날부터 바로 출근해 달라고 요청했다.

PC방의 주요 업무는 손님 관리와 청소, 먹거리 등의 물품 관리, 그리고 PC 정비였다. 예상했던 업무라 크게 문제는 없었다. 다만 PC방은 전체적으로 낡아 보였고, 사장님도 타성에 젖은 듯 과거를 종종 회상하곤 했다. "2002년 월드컵 이전만 해도 베개에 돈다발을 넣어 보관할 정도로 벌었지." 하지만 지금은 경쟁이 치열해 매출이 예전 같지 않다고 푸념을 늘어놓곤 했다. 노후한 인테리어와 PC 성능도 문제였다. 최신 게임들이 높은 그래픽 성능을 요구하다 보니, 낮은 사양의 PC로는 손님을 끌기가 어려웠다.

　아르바이트 입장에서는 한산한 것이 좋겠으나 매출이 저조한 날이면 사장님의 찌푸린 표정과 푸념으로 나의 마음도 같이 불편해졌다. 근무를 시작하고 몇 달이 지나면서 점점 더 매출이 줄어들고 있음을 체감할 수 있었다. 사장님은 오전 근무를 하고 있기 때문에 매일 교대 시간마다 30분 전후의 사적인 대화를 나누게 되었다. 그러다보니 사장님에서 '형님'이란 호칭으로 바뀔 정도로 친한 관계가 되었다.

　친해지니 돕고 싶다는 마음이 생겼고 PC방 매출을 올릴 수 있는 방법이 있을지를 고민하게 되었다. 다른 PC방에서 경험한 적이 있었던 커피 서비스를 형님에게 제안했다. 형님은 "한 시간에 천 원짜리 PC방에서 커피 서비스를 준다고? 여기는 호텔이 아니야. 천 원을 받고 있으니 천 원짜리 서비스를 제공하는 게 맞아."라고 반박을 했다. 나는 그래도 한번 시험 삼아 해보는 게 어떻겠냐고 끈질기게 설득해 몇 주간만 해보기로 했다. 커피 서비스란 커피믹스를 1회용 컵에 담아주는 것이다. 돈을 받고 있었던 커피를 그냥 주는 것이니 매출이 줄어들 각오를 해야 했다. 손님이 오면 커피 서비스를 받을 것인지 물어보았고 "와~ 공짜로 주는 것이 맞나요?" 라며 놀란 표정과 함께 달라고 했다. 어떤 손님은 매번 올때마다 커피 때문에 여기 온다고 너스레를 한다. 주요 손님 층인 20대~40대 남성들이 담배와 커피라는 꿀 조합을 싫어 할 리가 없었다. 하지만 커피 서비스를 할 때 마다 형님은 마땅치 않다는 표정을 짓곤 했다. 서비스가 매출 증진에 도움이 안 될 것이라는 회의적인 생각을 가지고 있어서였다.

　하지만 서비스 덕분인지 매출이 점점 늘었다. 한번 왔던 손님들의 재방문율이 확실히 늘어났다. 커피 하나가 이렇게 효과가 좋을지는 나도 미처 예상치 못했다. 그해 연말의 매출은 이전보다 30% 이상 늘어 있었다. 형님은 나에게 좋은 제안을 주어 고맙다며 이후에는 내가 하는 말을 귀 기울여 들었다. 얼마 지나지 않아 매니저 역할을 제안 했고 시급도 올려주었다. 이때부터 기존에 하던 일과 함께 매장 관리를 도맡아 했는데 재미는 있었지만 쉽지 않았다. 특히 아르바이트 관리는 생각했던 것보다 훨씬 어려운 일이었다. 근무자가 갑작스레 나오지 못하게 되면 예전에 일했던 사람들에게 연락해 부탁을 하던지 내가 대신 근무를 서야만 했다. 이런 사정을 아는 친구들은 나에게 그 역할에 받는 급여는 형편없이 낮은 것이라고 형님에 대해 좋지 않은 평가를 했다. 악덕 업주란 것이다. 그럴 때면 나는 형님을 옹호했다. 사람 간의 일에는 의리가 있어야 한다고 생각했다. 의리를 지켜야 하는 관계라면 내가 설령 손해를 볼지 언정 지켜야 한다는 신념이 있었던 것이다.

　매니저로 일을 하다 보니 학기가 시작되었지만 일을 그만둘 수가 없었다. 그만둔다는 말을 꺼내면 형님의 설득이 시작되었다. 새로 2호점을 준비하고 있는데 네가 점장을 했으면 좋겠다면서 끝까지 함께 하자는 내용이었다. 지금은 힘들겠지만 나중에 자리를 잡으면 보상해주겠으니 참고 도와 달라고 했다. 4학년 졸업반인데 학업에 전념할 수 없어 성적은 나락을 달리기 시작했다. 졸업이 코앞에 다가왔는데 일부

과목은 F학점을 받았다. 졸업을 위해서는 학점이 필요했기 때문에 계절 학기를 수강해야만 했다. 그 와중에도 매일같이 근무로 밤을 새고 학교 수업을 병행하는 것은 체력적으로 힘이 들었다. 한번은 계절 학기 수업에 대한 시험을 아침에 봐야 했는데 야간 근무를 마치고 잠시 눈을 붙인다는 것이 깊게 잠이 들어 시험을 보지 못한 일이 생겼다. 결국 그 과목은 F학점을 받았다. 교수님을 찾아뵙고 사정을 하여 재시험과 과제를 제출하고 나서야 이수 학점을 겨우 채워 무사히 졸업을 할 수 있었다.

졸업을 하고 수많은 고민 끝에 형님 밑에서 PC방 운영을 하는 것보다는 학교 전공을 살려 IT 직종으로 취업하는 것이 낫다고 판단했다. 형님에게 그만두겠다는 말을 전했을 때 나에게 실망했다면서 나를 배신자 취급했다. 내 의견을 존중해 줄 것이라 생각했기에 서운함이 밀려왔지만 인수인계를 잘 마무리하고 나가겠다고 했다. 입사일 전에는 관두어야 했기에 최선을 다해 후임 근무자를 고용하고 인수인계까지 마무리했다.

형님은 나를 붙잡으려는 권유를 수차례 했지만 내가 의지를 꺾지 않자 좋지 않은 감정을 노골적으로 드러냈다. 그동안 형님의 험한 말투 등 달갑지 않았던 행동과 언행들이 더욱 도드라지게 느껴졌다. 그만둔 이후 서로 연락을 하지 않은 채 몇 달이 흐르면서 형님과 나의 관계는 멀어졌음을 알 수 있었다.

취직한 회사에서 신입 직원으로 열심히 일하고 있을 때 갑자기 형님에게 연락이 왔다. 주말 근무자가 갑자기 일이 생겨서 못 나오는데 나에게 대체 근무를 해달라는 부탁을 해왔다. 주말에 시간을 내는 것이 달갑지는 않았지만 그동안 지내온 형님과의 의리를 저버릴 수 없어 응낙을 하였다. 근무를 하면서 형님이 그때는 서운해서 그랬던 것이니 풀자고 했다. 그때부터 주말 근무뿐 아니라 야간 근무자가 펑크가 나면 어김없이 연락을 해왔다. 회사에서는 신입 직원으로 정신이 없을 때라 회사에 전념하고 싶었지만 의리를 지켜야 한다는 마음이 앞섰고 도와달라고 할 때마다 군말 없이 도와주곤 했다.

　하루는 PC방 리모델링을 위해 공사를 도와 달라는 연락이 왔다. 잠깐 도와주는 것이라고 생각해 승낙을 했지만 내 생각과는 달리 흘러갔다. 공사는 며칠에 걸쳐 진행되었고 야간에 잠도 자지 못하고 이어졌다. 낮에는 회사 업무, 밤에는 PC방 공사를 도왔다. 힘들었지만 의리 하나로 무보수로 일을 했다.

　사단은 공사 마지막 날 일어났다. 피곤함에 비몽사몽인 상태로 어두운 곳에서 짐을 옮기던 중 형님이 열어 놓은 지하 통풍구를 미처 보지 못하고 지나가다가 순간 발이 허공을 딛는 느낌이 들었다. 순식간의 일이었다. "악~" 비명과 함께 어두운 지하층 바닥으로 떨어졌다. 발목으로부터 인생에서 처음 겪어보는 엄청난 고통이 밀려왔다. 그 고통으로 정신을 잃을 뻔했다. 비명 소리가 들리자 형님이 달려왔다. 나는 119 구급차에 실려 근처 병원으로 이송되었다. 엑스레이 촬영 결과 복숭아뼈 복합 골절이라 뼈에 핀을 삽입하는 수술을 해야 한다고 했다.

아닌 밤중에 날벼락 같은 사고로 꼼짝 없이 보름을 입원해 있어야 했다. 형님은 치료비를 본인이 내준다고 스스로 넘어져 다친 것으로 처리해 달라고 부탁했다. 시설물 관리 부실에 의한 사고가 되면 과태료가 나온다는 것이 그 이유였다. 이후 수술과 보름 간의 입원 치료를 마치고 형님에게 치료비 청구를 하자 황당하게도 형님은 전체 금액을 줄 수 없다고 했다. 공사비가 많이 들어가 돈이 없다는 이유였다. 위로금은 고사하고 치료비를 일부만 주겠다는 말에 의리로 지켜온 내 마음은 무너져 내렸다. 그때의 배신감은 더 이상 말이 나오지 않을 정도로 심하게 들었다. 일을 돕기 위해 학교도 간신히 졸업할 수 있었고 회사에 눈칫밥 먹어가며 밤샘도 마다하지 않고 일을 도왔는데 형님은 나를 이용하기 쉬운 사람 정도로 생각하고 있었다는 것을 그제서야 알게 되었다. 이후부터 그는 나에게 형이 아닌 나쁜 사장일 뿐이었다.

결국 치료비의 일부는 자비로 처리해야만 했다. 입원으로 인한 신입사원의 업무 공백과 두달 간의 목발 생활은 회사에서의 평판을 안 좋게 했고 선배님들께 죄송한 마음이 들어 가시방석에 앉아 있는 것만 같았다.

사고 이후 형님과는 연락이 끊겼고 다시는 연락이 오지 않았다. 나도 더 이상의 연을 이어나가기 싫어서 연락을 하지 않았다. 연락이 오지 않은 이유를 생각해 보니 1년 후 발목 수술 때 박은 핀을 제거해야 하는 수술을 해야 했는데 그 비용이 들어갈 것이 아까웠던 것 같다.

의리를 지키는 것은 단순하게 친함이 있다고 하는 것이 아니라는 것을 뼈저리게 배웠다. 이후 사람을 만날 때 신뢰가 있는 사람인지를 먼저 살펴보았다. 예전에 사장의 권유에 따라 가게 운영을 맡았다면 어떻게 되었을지를 곱씹어 보았다. 아마도 좋지 않은 결과로 이어졌을 것이다. 길고 긴 인생에서 크게 보면 현명한 선택이었을 수도 있지만 의리를 지켜내기는 어려웠을 것이다. 의리를 지킨다는 것은 한쪽 방향으로만 흘러서는 유지될 수 없기 때문이다.

살아가면서 중요한 선택의 기로에 서게 될 때면 나의 생각과 의지를 중심으로 판단하게 되었고 의리와 정에 이끌리는 선택은 더 이상 하지 않게 되었다. 그 일은 나에게 현명함이란 자양분을 준 경험이었다고 생각한다.

이제라도 알아서 다행이야!

김미진

"다음 주 월요일까지 드림 포스터를 만들어 오너라"

중학교 담임선생님의 불호령이 떨어졌다. 드림 포스터는 학생들의 직업탐색을 위한 과제였다. 희망직업에 대해 구체적으로 조사하는 것이었는데 직업에 대한 소개와 꿈을 이루는 방법 등을 잡지나 신문에서 스크랩하여 포스터로 만들어 오는 것이었다. 내 짝꿍은 꿈이 없다며 어려운 숙제라고 투덜거렸지만, 꿈이 많은 나에게는 정말 쉽고 재미있는 과제였다. 변호사, 피아니스트, 유적 발굴가, 음악치료사 등 되고 싶은 것이 많았다. 그중에서도 가장 가능성 있는 꿈은 피아니스트였다. 어릴 때부터 꾸준히 피아노를 배웠고 재능도 있으며 무엇보다 음악으로 나를 표현한다는 행위 자체가 마음에 들었기에 별 고민 없이 골랐다.

너무 쉬운 선택이어서 그랬을까 팽팽 놀다가 과제 제출일을 하루 남겨두고 벼락치기로 최대한 간단히 완성해서 제출했다. 피아니스트라는 꿈에는 진심이었지만 급하게 제출한 과제는 결국 낮은 점수를 받았고, 마치 선생님께서 '넌 피아니스트가 될 자격이 없어!' 라고 호통을 치시는 것 같아서 큰 충격을 받았다. 중학교 1학년 꿈 많은 소녀에게 실망을 안겨준 '드림 포스터'는 잠시 잊혀졌고 인생의 반항기가 시작되었다.

　학창시절 나는 포지션이 애매한 학생이었다. 활발한 성격으로 친구들과 잘 어울리고 반장으로 뽑힐 만큼 인정받는 아이였다. 하지만 선생님 말씀에는 일단 반항하고 보는 반항아 캐릭터로 모범생도 아니고 문제아도 아닌 '어디로 튈 지 모르는 아이' 였다. 실제로 내 성향도 그랬다. 나는 감정에 충실한 사람으로 좋고 싫음이 확실했고 충동적인 성향 이었다.

　시험 볼 때도 늘 벼락치기로 몰아서 공부했고 친구들과 약속을 잡을 때도 계획적이기보다는 그때의 상황에 따라 유연한 번개팅(깜짝만남) 모임을 추구했다. 호기심이 많고 새로운 걸 좋아하는 등 예술가적인 에너지와 기질이 가득했지만 매일 같은 행동을 반복하며 성실하게 공부를 해야 하는 학생 신분에는 별로 도움이 되지 않았다. 어느새 고등학생이 되어 진로를 결정해야 하는 시기가 됐는데 잊혀진 줄 알았던 드림 포스터가 불현듯 떠올랐다. 중학교 1학년 선생님께 증명하고 싶었던 걸까, 나는 피아노 전공을 하기로 했다. 벼락치기를 추구했던 습관으로 입시 준비도 고3이 돼서야 정식으로 시작했다. 교수님 레슨을 받고 연습실을 대여해서 밥 먹고 학교에 가는 시간을 빼면 하루 8시간씩 꼬박 피아노 앞에 앉아서 연습했다. 콩쿠르도 나가고 일주일에 한 번씩 교수님 레슨을 받으며 19년 인생에서 처음으로 매일 성실한 하루하루를 보냈다. 나름대로 최선을 다했지만 원하는 대학에는 가지 못했다. 입시준비를 하는 고3 1년 동안 정말 최대치로 노력했다고 생각했는데 내가 노력했던 1년의 시간은 다른 이와 비교했을 때 너무 부족한 시간이었다.

피아노 입시는 숙련된 기술과 감각이 필요해서 오랜 시간에 걸쳐 교육을 받아야 성숙한 연주가가 될 수 있다. 정규 학업 코스에 예술 중학교가 있는 것을 고려한다면 초등학교 때부터 착실하게 준비하여 날마다 성실하게 살았던 이들만이 원하는 대학에 입학할 수 있는 것이었다.

비록 원하는 대학에는 입학하지 못했지만 원하는 학과에 입학했다는 만족감에 즐거운 대학 생활을 했다. 내가 좋아하는 피아노 공부를 하는 것이 재미있어서 누가 시키지 않아도 틈만 나면 연습하며 공부를 했다. 그 결과 학교 연주회마다 오디션에 뽑혀서 무대에 서고 장학금을 받으며 학교에 다녔다.

하지만 4학년이 되어 되어 취업을 준비해야 하는데 뜻대로 되지 않았다. 원서를 내는곳마다 1차 서류전형에서 탈락했다. 합창단 반주자 시험이었는데 오디션을 볼 기회조차 없었다. 인생의 쓴맛을 보기 시작한 것이다. 유학을 준비하려고노 했시만, 엉어 성적이 되지 않아 중도 포기하기도 했다. 나름대로 열심히 살았다고 생각했는데 사회로 나오니 하고자 하는 것이 매번 실패로 끝나버렸다. 중학교 1학년 때 벼락치기로 드림 포스터를 만들고 기분에 따라 했던 충동적인 선택과 태도가 쌓여서 지금의 실패한 모습이 된 것 같았다.

하지만 우울함도 잠시. 내가 가진 장점인 유연한 사고의 예술가적 에너지로 문제를 해결해야겠다는 결심을 했다. 계속해서 떨어지는 1차 서류 탈락 원인을 분석하며 찾은 해결점은 최종학력을 높이는 것이었다. 피아노 실력에는 자신이 있었지만 보여줄 기회조차 없으니 이력과 경력을 더 쌓기 위해 대학원 입학을 준비하게 되었다. 대학원 입학을 준비하는 과정도 쉽지 않았다. 공부에만 전념할 수 없는 환경으로 일을 하며 공부를 해야 했기에 시간도 부족하고 입시 준비 비용도 빠듯했다.

그러나 누가 시킨 것이 아니라 나의 필요로 인해 목표를 설정하고 준비하기 시작한 것이다. 시간을 허투루 보내지 않기 위해 분 단위로 일정을 짜며 매일 목표치를 성실하게 실행했다. 그 결과 누구나 입학하고 싶어하는 명문 학교에 입학하게 되었다. 이때의 성공 경험으로 얻은 성실함은 내 인생의 든든한 무기가 되어 큰 힘이 되고 있다.

대학원 입학 후에는 성실함의 결과물을 직접 체험하게 된 일들이 많았다. 바로 옆에서 생활하는 동기들의 모습이었다. 명문대생들은 달라도 너무 달랐다. 작은 과제라도 최선을 다해서 준비하고 작은 부분까지도 신경 쓰는 섬세함이 특별했다. 누가 시켜서 하는 것이 아니라 본인 인생에 책임감을 느끼고 작은 일에도 정성을 다한다는 생각이 들었다. 한 번은 전공수업이 끝나고 학생들이 서류에 서명하는 일이 있었다. 사람들이 뒤에 줄을 서 있고 다음 수업을 듣기 위해 분주하게 이동해야 해서 서명을 휘갈겨 쓰는데 내 동기는 바쁜 와중에도 자신의 이름 세 글자를 쓸 때도 한 글자씩 정성스럽게 쓰는것 이었다. 그 모습이 내겐 적지않은 충격이었다. 나는 단 세 글자조차도 제대로 적지 못하고 휘갈겨 쓰는 데 비해 사소한 일에도 최선을 다하는 동기를 보니 아차 싶었다. 그들은 어릴 때부터 작은 일에도 성실한 태도로 임했던 그 습관이 차곡차곡 쌓여서 지금의 모습이 되었다고 생각하니 내 인생에 대해 다시 생각해 보는 계기가 되었다.

삼십대가 되어서야 느끼고 변화된 내 모습을 보니 과거의 내 자신이 너무 부끄럽기도 하고 이제라도 알아서 다행이라고 생각했다. 그때 이후로 이름 석 자도 꼭꼭 눌러쓰는 습관이 생겼고 벼락치기 습관은 버리고 날마다 성실하게 준비하는 습관을 의식적으로 실천하고 있다. 가끔 옛 습관이 불쑥 튀어나와 당황스러울 때도 있지만 내 인생을 대접해주기 위해서 다시 한번 꼼꼼하고도 소중하게 살아가고 있다. 이러한 작은 습관의 변화는 좋은 점이 매우 많다. 작은 일이라도 허투루 하지 않으니 실수가 줄어들고 내가 하는 일에 대해 성과가 쌓인다. 그리고 잠깐의 대화를 나누는 사람일지라도 함께 있는 사람에게 집중하려는 습관이 생겼는데 그렇게 하니 상대방도 나에게 집중을 하게 되고 중요한 일이나 좋은 것이 있으면 나를 먼저 챙겨주고 나에게 먼저 알려준다.

이러한 것들을 중학생 때 알았다면 좋았을 걸 안타까운 마음도 있지만, 지금이라도 알게 된 것에 대해 다행으로 생각하고 계속해서 성실함으로 드림 포스터를 만들다 보면 내 삶에 소중한 것들이 쌓여 중학교 때 꿈꿨던 소녀의 많은 꿈이 계속해서 이뤄져 나갈 거라고 믿는다.

그 무엇보다 값진 졸업

권정심

'아무도 찾지 않는 바람 부는 언덕에 이름 모를 잡초야! 한 송이 꽃이라면 향기라도 있을 텐데 이것저것 아무것도 없는 잡초라네 발이라도 있으면은 님 찾아갈 텐데 손이라도 있으면은 님 부를 텐데 이것저것 아무것도 가진 게 없어.'

나훈아의 '잡초'라는 노래를 들을 때마다 대학시절이 떠오른다. 1988년 2월, 나의 대학 졸업식에 참여하기 위해 늙은 부모님은 부안에서 직행버스를 타고 전주에 있는 교정으로 오시고 친인척들이 학교 교정에서 사각모를 쓰고 사진을 찍는다. 초등학교부터 대학까지 졸업을 하였지만 졸업식에 부모님이 참석한 것은 처음이다.

지방에 있는 후기 대학(전기 대학에서 떨어진 학생들이나 야간대학이 있어서 직장을 다니는 학생들이 다녔던 대학)이고 공부를 그렇게 썩 잘하는 학생들이 가는 학교가 아니다. 11월에 학력고사를 보고 전기 대학에 원서를 넣어야 하는 시기에 내가 전주에 가서 노는 동안 내 친구 민희는 대학 원서를 썼다고 한다. 나보다도 공부를 못하는 친구들이 대학에 붙은 것을 보며 '아! 이게 뭐지? 나는 공부를 곧잘 했는데!'라며 탄식했다.

그때, 당시 집안에 큰 밭을 팔아서 350만원 정도가 있다는 것을 나는 알고 있었다. 셋째 언니 결혼을 위해서 준비한 것이다. 후기대라도 가야겠다고 생각을 한 나는 원서를 제출하여 가정교육과에 합격을 한다. 큰 방 아랫목에 3일을 누워, 등록금만 주면 나머지 학비는 아르바이트와 성적장학금으로 학교를 졸업하겠다고 아버지를 졸랐다. 결국 아버지는 50만원을 주셨고 어머니께 10만원, 큰언니에게 10만 원을 받아 대학교 1학년으로 들어가게 된다.

큰언니는 10만 원을 주면서 이야기한다. "재수를 하면 어떻겠니? 네가 인물이 안 되니! 머리가 안 되니! 저런 삼류 학교를 왜 가려고 하니?" 하지만 대학도 집안에서 반대하는데 재수할 동안의 비용은 누가 줄 것이며, 재수해서 성적이 잘 나온다는 보장도 없고 해서, 그냥 삼류 대라고 이야기하는 후기 대학을 들어가는 것이 낫다고 생각했다.

고등학교만 졸업한 셋째 언니나 넷째 언니도 그다지 나의 대학진학을 찬성하지는 않았다. 열심히 공부를 해보라고 하는 셋째 언니와 넷째 언니는 경제적인 능력이 없었다. 큰언니나 둘째 언니도 그렇게 경제적으로 넉넉하지는 않았다. 대학을 졸업하기 위한 나의 험난한 고난의 길이 시작된 것이다.

1학년 2학기가 되었다. 성적장학금을 받지 못했다. 할 만한 아르바이트도 없었다. 부안 시골집에 쥐방울 드나들듯이 아버지께 쫓아가서 등록금을 달라고 계속 조른다. 아버지는 "두 번은 안 속는다. 한 번만 등록금을 달라고 하지 않았느냐." 하며 거절을 하고 어머니는 "하나 밖에 없는 남동생은 대학을 가도 너는 굳이 대학을 졸업해야 한다고 생각하지는 않는다." 라고 이야기를 한다.

머리가 지끈지끈 아프다. 해결 방법이 없다. 고심 끝에 셋째 언니를 앞장세워 큰 형부에게 가서 대학 등록금 보증을 부탁한다. 그때는 한국장학재단에서 융자해 주는 제도도 없었으며 대학을 졸업하고 천천히 융자금을 갚아도 되는 학자금 대출도 없었다. 유일한 제도는 친인척이 연대보증을 하고 은행에서 학자금을 융자해 주는 것이었다. 그 융자금을 다음 해부터 열두 번으로 나누어 상환을 하여야 했다.

교과서도 없어 다른 친구의 책을 복사하여 교재로 사용했다. 1학년을 마치고 다시 2학년 1학기가 다가오자 이 학자금이 또 큰 문제가 된다. 한 학기 등록금이 돈의 가치로 보면 지금은 한 800만 원 정도이다. 이번에도 머리를 싸매고 고심 끝에 또 셋째 언니를 앞세워 당숙에게 가서 학자금 융자에 대한 연대보증을 받는다. 그리고 또다시 학교에 다닌다. 그때의 나의 마음은 항상 흐린 비오는 날씨처럼 회색빛이었다. 외롭게 홀로 비바람 앞에 서 있는 나를 느낄 수 있었다.

내가 대학에 다니던 1985년 그 시절 볼링장에서는 10개의 핀이 넘어지면 어린 소년들이 내려와 핀을 다시 세웠다. 공을 굴리는 양쪽 라인 시작하는 지점 가운데에서는 여직원이 핀을 계산하여 채점하고 기록했다. 지금은 핀도 기계가 세우고 점수도 기계가 자동으로 계산하지만 말이다. 친구의 도움으로 나는 볼링장에서 채점하는 일을 하교 후 6시부터 10시 30분까지 하게 되었으며 월 11만원을 받았다.

큰 형부는 내가 볼링장에서 점수를 계산하는 여직원으로 아르바이트를 한다고 하니 놀래서 아버지를 찾아가 '막내처제가 볼링장에서 아르바이트를 하는 것은 올바르지 않다, 돈 많은 남자들과 불륜이라든가 옳지 않은 일을 할 수도 있다, 그럴 거면 막내처제를 학교에 다니게 해서는 안 된다.'라고 이야기를 했다. 이에 아버지는 그동안 들어간 학자금이 아까워서 3학년과 4학년 학자금을 대 주었고 졸업을 할 수가 있었다. 또 교수님 연구실 청소와 학과 업무를 반 학기 동안 하며 근로장학생으로서 20만 원을 받았다. 경제적으로 어려운 학생에게 주는 20만원의 장학금도 받은 적이 있다. 그렇게 혼자서 마음고생을 하고나니 너무나도 지치고 우울하기도 하였다.

대학교 2학년 때, 고등학교를 같이 다녔던 친구들이 대학에 다니는 친구들끼리 남녀 함께 지리산을 가자고 한다. 나는 너무도 가고 싶지만 돈이 없다. 3학년 때는 계룡산으로 과 소풍을 가는데 나는 갈 수가 없다. 고등학교 국어 교과시에 실린 이상보 선생님의 수필 '갑사로 가는 길' 속 산길을 떠올리며 상상의 나래를 펴 보지만 돈이 없다. 4학년 때는 같은 학교 행정학과와 수학여행을 남해로 가는데, 우리는 가정교육과라 모든 학생이 여학생이었고 그 학과에는 남학생이 많았다. 수학여행을 계기로 나의 친한 친구는 행정학과 남학생과 결혼도 하여 지금 잘 살고 있는데, 그때도 나는 돈이 없어 수학여행을 못갔다.

어려운 대학시절, 연애도 취미도 돈이 있어야 함을 알았고, 고달픈 인생살이 속에서 고독감을 절실하게 느끼는 계기가 되었다. 학교에 갈 차비도 없을 때가 많았다. 게다가 부모님은 남존여비 사상으로 인해 남동생은 아들이라 꼭 대학을 보내야 했지만, 딸에게는 투자할 마음이 없었다. 이런 상황 속에서도 대학을 졸업했다.

'젊어서 고생은 사서도 한다'라는 속담은 젊은 시절의 고생은 장래 발전을 위해 좋은 경험이 됨으로 달게 여기라는 말이다. 하지만 고생할 당시에는 고통을 감내하기가 너무도 힘이 든다. 그래도 이렇게 학교를 졸업하여 사회복지, 심리학, 언어치료 등 여러 공부를 더 할 수 있었다. 만약 내가 그 당시 대학을 포기했다면 지금의 다양한 공부를 경험할 수 있었을까 생각을 해본다. 환경을 이겨내고 대학을 졸업하게 된 일이 어려운 일이 닥쳐도 두려워하지 않게 했으며 주위를 바라볼 수 있는 안목도 길러주었으며 기회를 잘 보고 잡을 수 있는 혜안을 생기게 했다. 요즘은 종종 이런 이야기도 듣는다. "선생님은 교육복지 일이 천직처럼 잘 맞아요!"라고. 천직을 찾았다는 것만큼 큰 칭찬이 있을까. 건강 문제, 빈곤한 경제상황, 심리적인 어려움 등 다각적인 문제들을 헤쳐 나가면서 인생의 문제해결 능력이 길러진 것이다.

퇴사 후, 안개 속을 걷다

김지원

첫 회사에서의 경험은 너무나도 소중하다. 지금도 피가 되고 살이 되는, 돈 주고 살 수도 없는 것들을 2년이 넘는 시간동안 배웠다. 하지만 퇴사할 당시에는 너무나 힘들었다. 부조리하고 비합리적인 일들이 많이 일어났다. 작은 회사라 겉으로는 가족같은 분위기처럼 보였는데, 실제로는 살벌했고 숨이 막혔다. 좋은 일들도 많았지만, 용인할 수 없는 일들도 있었다. 점차 회사에 대한 애정이 없어지니 회사에 손해나는 일이 있어도 상사에게 보고를 안하게 되었다. 요즘 말로는 '조용한 퇴사'였다. 직원이 애사심이 있어야 그 회사가 발전하는건데, 그 상태에선 회사도 나도 더 성장할 것 같지 않았다.

그리하여 이직할 곳이 정해져있지도 않았는데 무작정 퇴사를 했다. 그리고 고향인 부산에 내려가 부모님 댁에서 지내기 시작했다. 구체적인 계획은 없었다. 내게 주어진 과제는 '앞으로 어떻게 살아야 하나'였다. 내 미래가 막막하고 모호해보였다. 조금 더 내 내면에 집중하고 들여다보고 싶었다. 진짜 내가 원하는 것은 무엇인지, 어떤 방향으로 나아가고 싶은지, 앞으로 어떤 선택들을 해야할지. 이 기간이 얼마나 갈 지 처음엔 전혀 몰랐는데, 결과적으론 그리 오래 쉬지 않았다. 딱 3개월 쉬었던건데, 그 3개월이 내 인생을 바꿔놓을 줄이야. 현재 내가 38세니까, 딱 10년 전의 이야기이다. 그때의 짧은 3개월은 지난 내 10

년에 엄청난 영향을 주었다.

아침에 일어나면 아침식사를 하고 그 동안 못 읽었던 책을 많이 읽었다. 그때 만났던 여러 책들 중 하나가 '수첩이 인생을 바꾼다(김영사/한국성과향상센터/2005)'였다. 이 책은 한마디로 '프랭클린 플래너를 쓰라고 설득하는 영업용 책'이다. 이 책 속에는 '나'에 대해 물어보는 수십가지의 질문이 나온다. 보통은 그냥 넘어갈텐데 시간이 많았던 나는 몇 시간동안 앉아서 그 질문들에 대한 대답을 진지하게 노트에 하나하나 써보았다. 쓰다보니 정말로 나에 대해 자세히 알 수 있었다. 내 대답 속에는 계속해서 반복되는 단어가 있었다. 그 단어는 '주도성'이었다. 나는 무엇을 하든, 어떤 프로젝트를 하든 주도적으로 리드해야 하는 '리더형 인물'이었던 것이다. 그런데 신입사원으로서 그렇게 할 수가 없었으니 답답하고 괴로운 거였다. 막연하게 짐작만 하고 있던 것들이 명확해지는 느낌이었다. 나도 잘 몰랐던 나에 대한 사실을 또렷하게 파악할 수 있었다. 이제는 나답게 살 수 있는 곳으로 가야겠다는 생각을 했다. 하지만 내 사업을 진행할 자신도 없었고, 경험도 부족했다. 그리하여 내린 현실적인 결론은 '연봉이 낮아지더라도 내 위에 딱 한사람만 있는 소기업에 들어가자'는 것이었다. (이 3개월이 끝난 뒤 나는 실제로 그런 회사에 입사했다. 내 성향을 객관적으로 파악하게 되니, 그 뒤에 나다운 결정을 하는 것이 어렵지 않게 되었다.) 그리고 책에서 시키는대로 프랭클린 플래너를 사서 쓰기 시작했다. 특히 프랭클린 플래너에서 알려준 '우선순위 작성법'은 너무나 단순하고도 강력해서 충격적이었다. 내게 결코 시간이 적지 않다는 것을 알게 해주었고, 할일들을 완전히 객관화시켜서 '아, 할 거 엄청 많네' 하고 막연하게 하던 생각을 '어? 알고보니 별거 없네? 빨리 해치우자'로 바꾸어주었다. 원래부터도 MBTI에서 J성향이 있었지만 그때부터 파워J의 길로 들어서기 시작했다.

두번째로 시작한 것은 '글쓰기'였다. 직접 쓴 책을 출간하고 싶다는 생각은 늘 하고 있었는데, 첫 회사에 다닐 때는 엄두도 내지 못했었다. 평일에는 회사에서든 집에서든 일하느라 정신없었고, 주말이 되면 너무나도 피곤해 의욕이 하나도 없었다. 드디어 퇴사하고 글쓸 시간이 생겼는데, 한두 편 써보니 글에 두서가 없고 썩 마음에 들지 않았다. 그래서 무작정 필사를 하기 시작했다. 피천득 시인의 산문집 '인연'을 사서 한 편씩 노트에 옮겨적어 보았다. 처음에는 극적인 변화가 없었지만, 쓰면 쓸수록 피천득 시인의 감성과 정신이 내 안으로 스미는 느낌이 들었다. 원래 나와 결이 맞는 작가여서 그게 가능했던 것 같다. 선천적으로도 내 안에 순수한 감성의 소녀가 있었는데, 피천득 시인의 소년같은 글을 만나니 그의 문체나 분위기를 내가 쏘옥 흡수하는 거였다. 그렇다고 아웃풋이 완전히 피천득 시인과 똑같이 나오지는 않았고, 오히려 나만의 스타일로 변화되어 나오기 시작했다. 그렇게 나만의 문체와 스타일을 찾았다. 3개월동안 꾸준히 연습을 하며 글쓰기 실력을 다듬었다.

마지막으로 시작한 또 한가지의 습관은 '종이신문 구독'이었다. 신문을 읽는 것이 좋다는 건 알고 있었는데, 회사 다닐때 항상 부사장이

'신문 읽으라'고 시키니까 참 하기 싫었다. 이제는 자발적으로 신문 구독을 시작하게 되었다. 좋은 기사는 챙겨두고, 한번 더 곱씹는 시간을 가지는 것이 참 좋았다. 내 안에 지혜를 쌓는 느낌이었다.

프랭클린 플래너 사용, 글쓰기 연습, 종이신문 구독. 이 세가지가 내 지난 10년을 어떻게 바꾸었을까? 프랭클린 플래너로 점점 기록하는 인간이 되면서 그 기록들이 체계를 갖추기 시작했다. 현재는 디지털 기록 툴인 노션 등 여러가지를 병행하고 있는데, 이 자체가 나의 정체성이자 콘텐츠가 되었다. 현재도 프랭클린 플래너를 사용하고 있으며 이것의 핵심적인 강력한 변화체계를 노션과 더불어 강의콘텐츠로 만들어 기업 등에 출강하고 있다. 기업 직원들의 업무효율을 높이고 시간을 아껴주고 창의성을 발휘하는 데 도움을 주고 있다. 글쓰기 연습을 시작한 다음 해부터는 온라인에 글을 연재하기 시작했고, 그러다 늘 꿈꾸던 에세이집도 출간할 수 있었다. 그 뒤부터는 주기적으로 책을 출간하고있다. 종이신문 역시 지난 10년간 계속 구독중이며, 이제는 스크랩한 기사를 디지털로 연결하여 언제든 찾아볼 수 있게 체계를 갖추어 놓았다. 이는 북클럽을 운영하거나 강의를 할 때 너무나 좋은 콘텐츠가 되어 나를 '콘텐츠가 풍성한 인간'으로 만들어주고 있다.

첫직장 퇴사 후 방황하던 당시에는 이것들이 내게 어떤 도움이 될지, 어떤 영향을 미칠 지 전혀 몰랐기에 헤매고 있는 기분이었다. 다만 내가 놓지 않은 것은 '나를 제대로 알고자 하는 노력' 하나였다. 아무데도 소속되어있지 않은 어른이었지만, 그런 노력을 놓지 않았기에 내게 맞는 습관들과, 내게 어울리는 길을 점차 찾아나갈 수 있었던 것 같다. 아프고도 고마운 시간이었다.

20대의 몸부림 그리고 안착

김시남

　다리 아래 물결이 무겁게 흐른다. 주변도 어둡고 내 육신도 어둡다. 1월의 밤 공기는 섬뜩함을 느낄 정도로 차갑게 다가와 피부로 스며든다. 불빛이 강물에 투영되어 태양빛 윤슬처럼 멋을 부리는 형상이 희미해져 가물거린다. 이제 여기까지 왔다. 헝클어진 인간의 개체는 만신창이가 되어 너덜거린다. 더 이상 삶을 지탱할 의욕을 잃은 육신에 만감이 교차된다. 한강 철교위를 달리는 열차의 괴팍한 파열음이 죽음의 문턱에 서있는 자신을 재촉하는 신호음으로 들린다.

　내가 태어난 마을은 남해안 반농 반어촌으로 소득기반이 안정된 지역은 아니었다. 80세대 300명 남짓한 인구 구성으로 대부분의 마을 주민은 고구마와 보리농사에 약간의 해산물을 채집하여 생계를 유지하고 있었다. 각 세대엔 자녀들이 많아 두 가구 아이들이 모이면 웬만한 운동 선수 팀은 꾸릴 수 있었다. 가족 구성원들이 많음은 농어촌 환경이 자생적으로 노동력을 확보해야 하는 자구책도 되었지만 그 당시는 가족계획이 전무한 상태였다. 특별한 교육열도 없어 자녀들이 고등학교에 다니는 경우는 무척 드문 경우였고, 특히 강한 남아선호사상으로 인해 고등학교에 진학한 여고생은 마을 전체에서 단 한명 뿐이었을 정도로 진학이 미미한 환경이었다.

우리집 역시 9남매가 함께 성장했고 아직 출가하지 못한 막내 고모까지 총 9명의 자녀들이 옹기종기 무리를 지어 성장했다. 어미 제비가 먹이를 가져오면 둥지에서 일거에 머리를 내미는 제비새끼들처럼 둥그런 상에 모여 밥을 먹을 땐 서로 먼저 입맛에 맞는 반찬을 먹으려고 티격태격 하는 상황이 벌어졌다. 이러한 대식구 조건에서 다행인지 불행인지 아버지는 일찍 일본에서 어렵게 성장한 터라 2세 교육에 관심이 많았다. 아버지께서는 개인침술로 양한방 1인 종합병원을 운영하였는데 인근 광범위한 지역에 명의로 소문나 하루종일 번호표를 발급해 가며 의료행위를 했다. 더불어 멸치잡이 수산업, 선박을 이용한 해산물 채집활동, 넓은 농토의 경작 등 경제활동을 통해 동네 유지로 인정받을 정도였다. 다만 합법적 의료행위가 아니라는 점을 빌미로 의료 관련기관과 언론기관, 경찰서 등에서 수시로 집으로 찾아와 아버지를 괴롭혔다. 그때마다 아버지는 법적 조치를 피하기 위해 뒷거래로 무마시켜 나갔다. 환자가 밀려있는 상태에서는 내가 직접 봉투를 심부름하는 경우도 있었다. 어린 마음이었지만 무척 부당하게 느껴졌다.

아버지의 교육관은 확고부동했다. '무조건 장남은 잘 되어야 한다.', '여자는 교육 안 받아도 되지만 남자는 공부를 해야 한다', '장남이 잘되면 동생들은 무조건 잘 성장한다'는 등 장남 올인의 아버지 교육적 가치관이 장남이었던 나의 어린시절을 장악했다.

이러한 아버지의 교육관과 맞물려 '도시로 공부하러 간 특별한 아이'라는 이미지가 친·인척과 마을 주민에게 내가 훌륭한 국가 인재로 성장할 것이라는 기대감을 가지게 했다. 이러한 분위기는 더더욱 공부를 잘 해야한다는 강박 관념으로 나의 학교생활을 압박했다.

　방황했던 1974년의 고교 1년의 세월을 보내고 마음을 다잡은 2, 3학년 동안은 대학 진학을 위해 최선을 다해 발버둥쳤다. 하지만 첫 번째 지원한 법과대학 입시에 실패했다. 아버지의 희망과 은근한 강요로 자연스럽게 법학과에 진학해 검사나 판사가 되는 것이 희망 진로가 되어버렸다. 장남이 검사나 판사가 되기를 원했던 아버지의 희망은 어쩌면 정당화되지 못한 의료행위도 무마시킬 수 있을지 모르고, 자식을 잘 성장시켰다는 명예도 얻을 수 있을 거라는 계산일 수도 있었던 것 같다. 하지만 궁극적으로는 사회적으로 성공한 아들로 성장시켜 행복한 삶을 보장해 주기 위함이었으리라.

　서울로 상경했다. 재수를 하기 위함이다. 먼 친척뻘 되는 삼촌이 상왕십리에 살았기에 부근에 하숙집을 얻어 법대 진학을 위한 재수 생활을 시작하였다. 하숙집 룸메이트는 H 대학교 공과대학에 다니는 형뻘 되는 사람이어서 여러 가지로 도움을 많이 받았다. 일요일엔 대학 도서관에서 공부를 할 수 있었고 특히 수학 과목은 과외수준으로 지도를 잘 해 주었다. 왕십리에서 종로 J학원까지는 버스를 이용했으나 아침 출근시간이라 거의 매번 콩나물시루처럼 끼어서 이동했다. 학원의 강의는 선입견인지 몰라도 정규 고등학교 강의보다 더 잘 가르친다는 느낌을 받았다. 하숙집과 학원 및 도서관을 이용하여 최선의 노력을 다했다. 꽃이 꽃병에 꽂혀 있을 때보다 드넓은 들판에 머무를 때가 더 아름답다고 하듯이 넓은 들판에서 성장할 수 있는 최적의 자리에서 공부를 하고 있다는 자신감도 생겨났다. 학원에서의 재수생활은 순조로웠고 먼 거리를 마다하지 않고 수시로 상경하여 격려해 주시는 부모님의 사랑 속에 행복했다. 큰 강에 방류되면 120cm까지 성장하는 잉어 코이를 생각하며 서울이라는 큰 강에서 목표를 향해 달려나갔다. 순간순간 번뇌와 갈등도 있었지만 K대 법학과를 진학하기 위한 재수는 지극히 당연한 귀결이라는 주변의 응원으로 자위하며 공부해 나갔다.

겨울의 추위를 이겨내고 새싹의 기운이 샘솟는 봄이 되어 시작한 서울에서의 재수 생활도 어느덧 일 년을 훌쩍 지나고 입시철인 겨울이 닥쳤다. 이번엔 반드시 합격했을 거라는 자신감이 솟구쳤다. 합격, 그 기쁨을 부모님께 안겨줘 한다는 각오로 몸을 움츠리고 합격자 명단이 붙은 대학 캠퍼스에 도달했다. 잎을 털어낸 나뭇가지 사이로 날카롭게 불어오는 바람의 냉기가 요행을 바라지 말라는 경고장이라도 날리듯 매섭게 뺨에 와 닿았다. 종종걸음으로 걸어가 합격자 명단에 눈을 고정시켰다. 그러나 아무리 뚫어지게 보고 또 보아도 합격자 발표명단에 나의 이름은 없었다. 뺨을 타고 차가운 눈물이 흘렀다. 뭔가 2% 부족한 점수일 듯 싶어 고개를 떨구고 무작정 걸었다. 실망하는 부모님과 가족형제들을 볼 면목이 없어 버스를 타고 남산에 올라 흐릿한 도심의 형체와 먼 하늘을 응시했다. 지나온 시간들에 대한 만감이 교차했다. 몸도 마음도 많이 아팠다. 추위도 잊고 색 바랜 잔디밭에 주저앉아 또 다른 내일을 생각했다. 다시 주변을 배회하다 삼촌댁에 계신 부모님께 불합격 사실을 알렸다. 청천벽력의 불합격 소식에 온 집안이 초상집 분위기였을 것을 생각하니 뭐라 형용할 수 없는 심한 자괴감과 상실감이 자존을 나락으로 밀어 넣었다. 저물어가는 노을을 바라봤다. 노을빛도 나의 슬픔을 따라 금방 붉은 빛을 숨기고 어두운 회색빛으로 변해갔다. 머리로 스쳐 지나는 바람결에 고등학교 2학년 때 자주 들었던 K 담임 선생님의 말씀이 떠올랐다.

"무쇠도 자꾸 달궈져야 튼튼한 연장이 되어 나온다. 진흙탕에서 솟아오른 연꽃이 더 아름답듯이 더욱 빛나고 가치 있는 사람이 되려면 자기에게 닥친 시련 앞에서 태연해야 하고 재도약의 기회를 잡아 또 다듬어내야 한다."

당돌하고 염치없지만 용기를 내어 전화를 걸었다. 다시 한 번 도전해 보겠으니 1년만 더 기회를 달라고. 아버지는 실망한 느낌을 전하지 않고 되레 격려하시며 흔쾌히 승낙했다. 많이 죄송했다.

다시 지치지 않는 열정으로 실패한 지난 두 번의 문제점을 분석했다. 그리고 이번엔 반드시 성취하겠다는 각오와 함께 삼수의 시간 속으로 힘있게 달려들어갔다. 목표하는 먹이를 쟁취하기 위해 320km로 치닫는 매의 노력을 떠올리며 합격의 영광을 얻겠다는 도전적 계획을 그렸다.

하숙집에서 학원까지 이동거리가 멀어 시간이 많이 소비되었다. 종합반보다는 영어, 수학을 집중적으로 공부하고 마무리 시기에 3개월은 다시 종합반에서 종합정리 후 시험에 임하겠다는 각오로 일 년 계획을 세웠다. 종로2가는 내게 유혹이 많은 요소를 가지고 있었으나 이번에는 실패하지 않으려는 야무진 각고가 내 위치를 지키게 했다. 하숙집에서 떠났다. 그리고 종로3가 독서실에서 공부하다가 의자를 올리고 책상 아래에서 잠을 잤다. 그 당시에는 이런 방식이 가능했다. 식사는 대로변 이면 좁은 도로의 조금은 지저분한 가정집에서 운영하는 밥집에서 식권으로 해결하였다. 하숙집의 편한 생활에 비하면 어려운 점들이 많았으나 효율적 시간이용으로 공부에 집중할 수 있어 좋았다. 이번에는 반드시 성취하겠다는 일념으로 하루하루를 계획된 진도에 맞추어 실천해 나갔다. 시간이 흐르면서 긴장감과 초조함도 있었지만 어차피 자신이 선택한 길이었고 그 누구도 해결해 줄 수 없는 문제라는 점이 태만을 붙잡아 주었다. 라면과 빵 등 간단하게 때우는 식사 시간이 많아졌고 건강이 나빠지는 느낌이 들었지만 목표 달성을 위한 자신과의 싸움을 게을리 하지 않았고 인내심을 발휘하여 나태해지려는 무기력을 일으켜 세웠다. 그렇게 삼수생활이 막바지에 다다랐다.

예비고사 점수는 작년보다 조금 낮은 점수였지만 본고사 준비를 더 했기 때문에 걱정하지 않았고 치 분하게 본고사에 임했다. 완벽하게 작성했다고 생각한 답안지였으나 뭔가 부족하여 또 다시 불합격 통지를 받고 말았다.

절망이다. 낭떠러지로 한없이 떨어지는 깊은 패배감이 온몸을 휘감았다. 절망을 넘어 이젠 생에 대한 좌절감으로 가득찼다. 그토록 힘을 실어 준 부모님의 얼굴이 괴롭게 떠오르고 비아냥거릴 것 같은 마을 사람들의 모습이 아른거려 미칠 것만 같았다. 결국 법과대학 문턱을 넘지 못하고 내 삶은 여기서 끝이라는 생각밖에 들지 않았다. 자신과의 싸움에서도 졌고 다시는 대학이라는 입시와 접하고 싶지 않았다.

아버지가 불합격의 충격으로 쓰러졌다는 소식을 접했다. 생의 종말이라는 극단적 선택이 나를 자연스럽게 끌고 갔다. 합격의 기쁨을 안겨주지 못한 불효와 나의 무능력을 죽음으로 묻어버리고 싶었다. 술에 잔뜩 취해 죽음을 결정하고 한강철교 다리 아래까지 걸어와 강물과 마주했다.

무감각한 육신의 삶이 죽음으로 이끌리는 순간에 어머니의 얼굴이 그려졌다. 재수를 하려고 서울에 올라올 때 곡식을 팔아 모은 돈으로 도시바 녹음기(일본 제품)를 사서 건네주셨다. 그리고는 "넌 뭘 해도 잘 할 수 있어. 너의 사주팔자는 참 잘 타고 났어.", "대학 안 가고 살아가는 사람 많아."라며 자식이 혹여나 의기소침할까 마음 편히 해주시려는 말로 따뜻한 사랑을 보여주신 어머니. 대학을 못가서 죽은 자식을 안고 통곡하는 어머니의 얼굴이 너무 또렷하게 떠오르면서 내 마음은 다른 각도로 회전되었다. 울다 지친 몸을 일으켜 택시를 타고 종로에 있는 여관에서 하루를 깊은 잠으로 보냈다.

며칠을 서울 이곳저곳을 쏘다니며 방황하다 옛날 하숙집 형을 찾아가 이런 저런 이야기를 나누었다. 형이 자기 시간을 가장 잘 활용할 수 있는 대학이 사법대학이라는 것과, 거기에서 사법고시 공부를 하여 변호사가 된 친구 이야기를 들려주었다. 그리고 또 다른 용기를 얻었다.

나에게 지난하게 아픔을 안겼던 그 해 겨울을 넘기지 않고 난 후기 사범대학에 원서를 내고 합격통지서를 받았다. 새로운 길속에서 얼마든지 내가 하고픈 것을 할 수 있다는 희망도 얻었다. 꼭 법대를 가야 사법고시에 합격한다는 고정관념으로부터의 결연한 탈출도 얻어냈다.

하늘을 올려다보았다. 텅 빈 하늘가로 뭉게구름이 솟아오르고 있었다. 하늘에 어우러진 구름은 거슬리지 않는 파격으로 다가와 나를 다독거렸다. 파란 하늘도 때로 회색빛 구름을 실어 그 아름다움을 보여주듯 나도 일생을 살면서 적당한 맑음과 흐림을 섞어 색다른 멋진 장면을 만들어 낼 수 있다는 희망과 용기를 얻어냈다.

그 후 군대 문제를 해결하고 복학하여 사범대학을 졸업하고 교사자격증을 취득했다. 아버지가 많이 아프셔서 서둘러 결혼식도 했고 교사로서 길을 걷게 되었다.

안착이다. 특별한 한 두 사람들의 성공가도가 옳음이고 진리를 만들고 행복을 안겨주는 것은 아니다. 대입의 경험 이후로 인생에서 늘 벽에 부딪히면 새로운 방법이나 또 다른 방향이 없는지 찾아보게 되었다. 20대의 성장통을 겪으면서 온갖 몸부림으로 파선을 그리고 안절부절못했다. 내 생에 새로운 도전을 통해 안정된 길을 열어갈 수 있게 안착의 디딤돌이 된 20대.

    죽을 각오가 뒤집어져 새롭게 또 하나의 다른 길을 얻어낸 내 인생의 회오리 20대를 난 지금도 사랑하고 있다. 노들섬에 앉아 한강철교를 지나는 열차를 응시한다. 열차의 괴팍한 파열음이 삶의 에너지를 안기는 조화로운 음으로 변해 가슴에 안긴다.

    다시 하늘을 올려다본다. 구름과 조화된 하늘이 아름답다.

평생을 먹고 살기 위한 도전

김미진

　대학원을 대학교처럼 4년간 다니고 졸업을 한 학기 남겨두었던 때였다. 임신과 출산으로 쓸 수 있는 휴학은 다 사용하고 돌아왔더니 동기들은 거의 졸업하고 몇 명 남아 있지 않았다. 일과 육아를 병행하며 학과 공부를 하는 것은 어려운 일이었다. 시간은 절대적으로 부족했고 몸도 많이 지쳐있었다. 무엇보다 정신적인 스트레스가 컸는데 '졸업하면 뭐 하지?'에 대한 고민이 컸다. 학부 졸업 때도 그랬는데 석사 졸업 때도 같은 고민을 하고 있다는 것이 스스로 어이없었다. 그 이유는 내가 하는 일에 만족하지 못하고 있어서였던 것 같다. 가장 좋아하고 잘하는 일이었지만 현실적으로 음악으로는 돈을 벌기가 어려웠고 인풋 대비 아웃풋이 너무 저조했다. 대학생 때는 부모님이 등록금을 내주셔서 돈에 대해 진중하게 생각해 본 적이 없었는데 대학원 등록금을 직접 내보니 현타('현실 자각 타임'을 줄여 이르는 말로, 헛된 꿈이나 망상 따위에 빠져 있다가 자기가 처한 실제 상황을 깨닫게 되는 시간)가 온 것이다. 또한, 아이를 먹여 살려야 해서 '자아실현'만을 업으로 삼을 수는 없었다. 당시 피아노 레슨으로 학생들을 꽤 많이 가르치고 있었지만, 단기간에 고수익을 추구하는 요즘 시대에 많은 시간과 정성을 투자해야 수익이 조금 나올까 말까 하는 작업이 실용적으로 보이지 않았다. '일 적게 하고 많이 버세요.'라는 문구가 최고의 축복으로 여겨지니 피아노 레슨으로는 성에 안 찼다. 또한 '성장'이라는 단어를 참 좋아하는데 클래식 분야는 과거의 작품들을 연구하고 교육하는 일이라 뒤처지는 것만 같았고 지루하게 느껴졌다. 천직이라고 생각했지만 이대로는 안되겠다 싶었다.

돈도 잘 벌고 내가 하고 싶은 일을 하기 위해서는 새로운 돌파구를 찾아야 했다. 돈을 벌려면 사업을 해야 하는데 사업에 대한 정보가 무지하여 '학생 신분으로 배울 수 있는 것은 모두 배우자' 마음을 먹고 검색하고 발품을 팔아 경영학과 수업을 청강하게 되었다. 두 개의 과목을 청강했는데 비즈니스 배경지식을 쌓는 것에 정말 많은 도움이 되었고 이 시기에 인생 스승님을 만나게 되었다.

첫 스승님은 김효근 교수님이다. 이화여자대학교에서 <예술경영>이라는 과목을 담당하고 계시는데 이 수업은 경영학도를 위한 수업이다. 경영뿐 아니라 작곡가로 왕성한 활동을 하시며 K-아트팝 이라는 한국 가곡의 새로운 장르를 개척하셨다. '예술가들이 걸작품을 만들기 위해 온 정성과 시간과 혼을 담는 정신을 본받아 경영하라'라는 메시지를 주셨다. 예술과 경영의 크로스오버(Crossover) 정신은 나를 위한 맞춤 수업이었다. 내가 하찮게 생각했던 예술가 정신이 공장에서 찍어내는 듯한 자본주의 시장에서 영웅이 될 수 있겠다는 생각이 들었다. 나의 애타는 마음이 교수님께 닿았는지 교수님께서 맡고 계시는 '경영예술센터' 연구원으로 활동할 기회도 얻게 되었다. 이 곳에서 예술가들의 작품을 창조하는 태도를 배웠다. 서양 예술사, 미술사를 훑으며 그것을 경영에 접목하는 작업을 1년간 일요일마다 4시간씩 연구했다. 함께 공부하던 선생님 일곱 분이 계셨는데 모두 이력이 대단하다. 경영학 박사, 예술경영 최고 전문가, 마케팅 최고 전문가 등 경영 쪽에서 크게 활약하고 계시는 분들이었다. 연주만 평생 하던 사람이 화려한 경력의 분들과 경영을 토론하다니 정말 영광스러웠고 감사한 기회였다. 개인적으로 나의 밑바닥을 마주하며 괴로운 시간을 보냈지만, 논리적 사고와 비즈니스 마인드를 장착하는 소중한 시간이기도 했다.

두 번째 스승님은 <e-커머스인패션> 과목을 담당하시는 패션디자인학과 이은정 교수님이다. 급변하는 이커머스 시장과 세상의 흐름을 읽는 시각을 배우는 시간이었다. 소규모 인원이 교수님의 1:1 코치를 받으며 진행되는 수업으로, 나는 사업을 하고자 하는 목표가 뚜렷했기 때문에 절대적으로 필요했다. 패션 관련 수업답게 "예술은 나를 만족하게 하는 것이고 패션은 대중을 만족하게 하는 것이다."라는 메시지를 주시며 예술성과 대중성의 갈림길에서 독창성을 불어넣어 대중과 소통하는 시각에 눈뜨게 하는 시간이었다. 다른 학생들은 모두 패션학과 학생으로 이커머스에서 판매할 아이템이 있었지만 내가 가진 아이템은 아무것도 없었기 때문에 많은 시간 동안 '내가 무엇을 할 수 있을까' 고민하는 데 시간을 보냈다. 나에 대해 불신하던 시절이라 계속해서 나와는 전혀 관계가 없는 식물인테리어나 실버아이템을 갖고 갔더니 교수님께서는 "네가 갖고있는 것이 충분하니 그것을 키워나가라"고 조언해주셨다. 결국 내가 가진 지식정보를 상품화시켜 '온라인 음악 교육서비스'를 만들게 하셨다. 또한, 정보가 실력이라며 검색하는 방법이나 플랫폼 활용과 같이 실용적으로 사용할 수 있는 도구를 알려주시며 국비 지원사업에 관한 정보를 주셨다. 그것을 계기로 국비 메타버스 과정에 입학하여 1년 과정을 수료하였다. 그때 당시 코로나로 인해 메타버스가 핫한 이슈로 떠오르고 있었는데 내가 그 현장 가운데 있다니 스스로 도취될 때도 있었다. 하지만 그것도 잠시 메타버스를 공부할 때는 이러다가 죽겠구나 싶었다. 그 흔한 컴퓨터 게임을 하지도 않는데 게임을 만들어야 한다니 말도 안되는 소리였다. 특히 현실세계와 가상세계를 똑같이 구현하는 것이 주 과제였는데 성경에 '빛이 있으라' 하니 빛이 생겼고 '궁창에 하늘과 땅이 나뉘어라' 하니 나뉜 것처럼 가상세계에서 신이 되어 하나씩 만들어가야 하는 것이었다. 멀미와 헛구역질이 나와 작업하는 것이 어려웠지만 군인정신으로 '한번 발을 들여놓았으니 끝까지 가보자'는 마음으로 버텼다. (나는 군인이 아니지만, 아빠가 군인 출신이라 군인 가족 부심이 있다.) 분기마다 팀별로 결과물을 제작하여 제출해야 하는 시스템이었는데 같이 공부하는 동료들에게 많은 도움이 못 되어 정말 미안했지만, 내가 할 수 있는 범위 내에서 백업 포지션으로 최선을 다했다.

세 번째 스승님이신 김영호 강사님은 정신적 지주가 되어주셨는데 '오늘의 할 일'이라는 매일의 숙제를 내주시며 학생들이 목표가 흔들리지 않으며 완주할 수 있도록 큰 힘이 되어주셨다. '오늘의 할 일'은 엄마, 주부, 학생, 강사, 연주자 등으로 분주한 일상 가운데 내가 해야 할 일을 우선순위로 정확하게 구분하여 일정 관리를 할 수 있도록 세팅하는 계기가 되었다.

마지막으로 김지원 작가님은 내가 선생님이라고 부르는 가장 젊은, 나의 꿈을 실현해주시는 참 고마운 스승님이다. 늘 실행하는 사람이며 프로N잡러로 작가, 기획자, 사업가, 강사 등 직업이 다양하다. 특히 생각한 것이 있으면 주저하지 않고 일을 추진하신다. '프로가 되고 나서 시장에 나가면 늦다. 현장에 먼저 투입되어 프로가 되자'라는 메시지로 자극을 주신다.

이렇게 다양한 현장에서 전문가들을 만나며 깨닫게 된 것은 '평생을 먹고 살 수 있는 것은 없다'라는 것이다. 이것은 요행을 바라는 마음과도 같은 것이었다. 그저 묵묵히 실천하는 것 밖에는 없었다. 그 옛날 드림 포스터를 작성할 때처럼 목표에 대해 검색하고 해야 할 일의 리스트를 작성 후 행동하는 것이다.

두 번째는 그룹의 시너지 효과이다. 나 혼자 일 할 때는 내가 가진 것이 하찮게 느껴졌지만, 그룹에 있으면 각자가 꼭 필요한 전문가라는 것을 경험했고 내가 가진 고유한 것이 독보적인 재산이라는 것을 알게 되었다. 다른 이의 전문성을 부러워하고 탐낼 것이 아니라 내 분야의 전문가로 성장하여 그들과 팀으로 만나면 그 시너지 효과는 굉장하다는 것을 경험했다. 또한, 동료에게 도움을 주기 위해서는 내 실력이 있어야 도울 수 있다는 것을 알았고, 나 외에 다른 이를 돕기 위해서는 내가 성장해야 한다는 것을 깨닫게 되었다.

마지막으로 세상의 흐름을 읽는 시각인데 이것은 배움을 통해 체득할 수 있는 것 같다. 음악학도 신분으로 경영, IT, 패션을 공부해보니 정말 어려웠지만, 그 배움을 통해 개인적으로<아트에듀테크>라는 시장을 개척 할 수 있는 시야가 생겼다. 전혀 어울리지 않는 분야들이 내 안에 모여 마스터피스가 되어갈 매일매일이 기대가 된다. '아무것도 하지 않으면 아무 일도 일어나지 않는다'는 말처럼 성실히 도전하며 어제보다 나은 내가 되길 기대해본다.

러브콜이 오지 않으면? 내가 하면 되지

김지원

두번째 회사에 입사한 나는 그때부터 이중적인 생활을 하기 시작했다. 출근해서 회사일에 매진하고 퇴근해서부터는 내가 하고싶은 일, 글쓰기를 본격적으로 마음껏 하는 생활이었다. 하지만 나는 내가 얼마나 쉽게 나태해지는 지 알고있었다. 그래서 택한 방법이 '온라인 글쓰기 플랫폼에 글을 연재하는 것'이었다. 당시 네이버포스트가 생긴 지 얼마 되지 않았고, 지금과는 달리 아무나 글을 쓰지 못하는 플랫폼이었다. 심사를 통과한 사람만이 그 곳에 글을 올릴 수 있었고 그곳에 글을 연재하는 이들은 '작가'라고 불렸다. 나는 두 번만에 포스트 작가 심사에 통과했고 그때부터 글을 연재하기 시작했다. 때마침 네이버에서는 플랫폼의 부흥을 위해 공모전을 열었고 나는 거기에 도전해서 무조건 상을 받기로 마음먹었다.

칼퇴하고 집에 와서 저녁을 먹고부터 책상에 앉아서 글을 써 올렸는데, 거의 매일 한편을 올렸던 것 같다. 하루 두 편 이상 올리는 날도 있었고. 내가 썼던 연재 시리즈 중 하나는 훗날 실제로 책이 된 '오늘, 눈물 나게 좋은 순간'이라는 제목의 시리즈였다. 한마디로, 하루에 딱 하나씩만 눈물 나게 좋았던 순간을 떠올려 그것을 소재로 글을 쓰겠다는 기획이었다. 그 습관이 당시 나에겐 실제로 필요한 것이었다. 더 크고 탄탄한 회사로 이직하지 않아 불안했고, 글쓸 시간을 확보한 대신 연봉을 확 낮췄기에 금전적으로도 쪼들렸다. 행복해지고 싶었다. 그래서 그런 주제를 잡았다. 의식적으로라도 하나씩만 행복한 순간을 기억하고 싶었다. 그렇게 꽤 오래 연재를 했는데, '소통의 힘'이 연재를 지속하게 해주었다. 한 회 한 회 쓰면 쓸수록 내 글을 읽고 댓글을 달아주고 피드백을 해주는 온라인 구독자들이 생겼다. 내 글을 기다리는 그들을 위해 양질을 글을 쓰려고 노력했다. 그들의 마음에 진짜 가서 탁 닿으려면 어떤 문장을 어떻게 써야하는 지 고민을 많이 했다. 출근길에도, 회사 점심시간에도, 퇴근시간에도 내 온 신경은 글 쓸 소재를 찾기 위해 레이더가 켜져있었다. 확실히 아무 생각 없이 생활할 때보다 감각이 민감해졌다. 일부러 감각을 열고 주변을 살피니, 행복한 순간과 감사할 일이 생각보다 많다는 것도 알 수 있었다. 그 순간을 흘려보내지 않고 눈에 보이는 글자로 남기고 그걸 내가 다시 읽고, 독자들도 그걸 읽고, 그걸 기반으로 소통하며 다시 읽으니 행복이 나에게 아로새겨지기 시작했다.

그렇게 몇 개월 간 연재를 하고 공모전에 제출했다. 얼마나 글을 많이 썼는지, 작품을 세 개나 공모할 수 있었다. 셋 다 심혈을 기울여 썼고 다 반응이 좋았기 때문에 무조건 하나는 상을 받을거라는 확신도 들었다. 글의 퀄리티와 소통점수 등이 심사대상이었던 것 같다. 수상작 발표 며칠 전에, 네이버 포스트팀으로부터 메일을 받았다. 수상자로 선정되었다는 것이었다. 실제로 나를 행복하게 만들어줬던 시리즈 '오늘, 눈물 나게 좋은 순간'이 '잊혀지지 않는 잔상'이라는 부문의 상을 받게 된 것이다. 이 수상부문 역시 내 글에 딱 적합하다는 생각을 했다.

실제로 잊지 못할 여운의 임팩트를 염두에 두고 글을 썼기 때문이다.

당시 포스트 작가들 몇 명과 교류를 했었고, 그 중에는 출판사의 러브콜을 받은 동료들도 꽤 있었다. 상을 받지 않았는데도 글의 내용이 좋다며 출판 제의를 받은 분, 그리고 한 곳이 아닌 여러 출판사의 제의를 받아 계약할 곳을 골라야 했던 분 등이 있었다. 나 역시 책을 내고싶은 마음이 가득했기 때문에 러브콜을 기다렸다. 하지만 공모전 수상 이후에도 내 메일함에는 아무런 소식이 없었다. 그래서 혼자 답답해했고 부러워하기도 했다. 내 작품은 심지어 수상작인데도 아무런 연락이 오지 않아서 속상했다.

그러다 생각을 전환했다. '연락이 오지 않으면 내가 먼저 문을 두드리면 되지 않을까?' 라고 생각을 바꿨다. 하지만 어떻게 해야할 지 막막했다. 원고 투고를 하자니 내 원고가 수많은 다른 원고들과 함께 출판사 담당자에 의해 쓰레기통에 버려지는 장면부터 떠올랐다. 전략적인 접근이 필요했다. 그래서 책쓰기와 관련된 책을 읽었는데 웬걸, '출간기획서'라는 게 있다는 것을 처음 알게 되었다. 기획자인 내가 왜 이 생각을 못했나 싶었다. 출간기획서는 출판사에 원고를 투고할 때 함께 보내는 문서인데, 작가가 나름대로 출간기획을 해서 그걸 문서형태로 만드는 것이다. 출간기획서의 좋은 점은 출판사 담당자가 긴 원고를 다 읽어보지 않아도 빠르게 원고를 검토할 수 있게 해준다는 것, 그리고 이미 어느 정도 상품화의 고민이 되어있기 때문에 담당자 입장에선 일을 덜 수 있어 원고 채택의 확률이 높다는 것이다. 나도 K-직장인이어서 알지만, 당연히 내 일을 덜어주는 원고를 채택하여 조금이라도 수월하게 일을 진행하고 싶을 것 같다. 물론, 원고의 퀄리티가 좋다는 가정 하에 말이다.

그래서 그때부터 열심히 출간기획서라는 것을 썼다. 완성에 2주 넘게 걸렸던 것 같다. 이 때 정말 도움되었던 것은 평소 해왔던 신문스크랩과 온라인 연재경험이었다. 첫 직장 퇴사후 3개월을 쉬면서 그때부터 종이신문을 구독했는데, 그때 내게 유익한 기사들을 모아두었었다. 출간기획서를 쓰다보니 내 기획의 근거가 되어줄 기사가 떠올랐다. 그래서 그걸 찾아 기획서 안에 넣어 좀더 탄탄하게 만들었다. 또한, 온라인에 연재를 하면 통계를 확인할 수 있다. 내 글을 어떤 연령대의 어떤 성별이 많이 읽었는지, 조회수가 얼마인지, 좋아요가 얼마인지 등 모든 수치자료를 다 확인할 수 있다. 그렇게 확인한 내 주요 독자는 굉장히 명확했다. 이것이 명확할수록 기획서를 쓰기에는 좋은 것 같다. 어쨌든 이러한 근거자료들을 넣어 쓴 출간기획서는 내가 보기에도 퀄리티가 괜찮았다.

그 다음 단계는 원고와 출간기획서를 출판사에 메일로 발송하는 거였는데, 그러려면 출판사의 메일주소를 알아내야 했다. 나는 당시 네임밸류가 없는 작가 지망생이었으므로 최대한 많은 곳에 뿌려 채택 확률을 높여야겠다고 생각했다. 그렇게 대량으로 출판사 이메일을 알아내는 것이 단순 인터넷 검색으로는 역부족이었다. 검색을 하다 알게 된 정보는 책 앞쪽 또는 뒤쪽에 출판정보가 적혀있는 페이지가 있고 대부분 이곳에 출판사 이메일이 적혀있다는 사실이었다. 바로 강남 교보문고로 달려갔다. 수많은 책들 중 매대에 올라와있는 책 중 흥미로운 책들의 출판사 메일주소를 모았다. 그렇게 세시간 정도를 서점에 머무르며 약 200개의 메일주소를 모을 수 있었다.

 집에 와서 모은 메일 주소를 엑셀로 정리하고, 출간기획서와 원고를 함께 메일로 보냈다. 그렇게 바쁜 주말을 보내고 월요일이 되었는데, '귀사의 출간 방향과 맞지 않아 출판이 어렵겠다'는 거절메일이 수없이 쏟아졌고, 동시에 계속해서 전화가 왔다. 총 15곳 정도의 출판사로부터 러브콜을 받았다. 무반응이나 거절의 의사를 밝힌 곳이 185곳이었지만, 대신 15곳의 출판사와 소중한 연이 닿을 수 있었다. 용기내서 눈 딱감고 하지 않았다면 얻을 수 없었던 결과였다. 그 중 11곳의 출판사와 실제로 대면 미팅을 했고 그중 딱 한곳을 선택해 출간계약을 맺게 되었다. 출판 담당자들과 미팅을 하면서 알게 된 것은, 내가 보낸 출간기획서가 남달라보였다는 것이다. 보통 작가들 대부분이 출간기획서 없이 원고만 보낸다고 했다. 출판사는 이윤을 추구하는 회사이기 때문의 책의 상품화에 관심이 많은데, 작가들의 성향상 내성적인 분들도 많고 상업적인 기획에 약한 편이라 출간기획서를 보낼 생각을 못한다고 했다. 그렇기에 내가 쓴 글을 완전히 상품으로 가정하고 기획을 한 내 기획서가 돋보였다는 것이다. 사실 내가 광고기획자인 것이 출간기획서 작성에 많이 유리했다. 어떤 제품을 '사고 싶은 상품으로' 포장하는 것이 광고기획자의 일이기 때문이나.

그렇게 출간계약서에 도장을 찍으며 깨달은 것은 이것이다. '기다리지 말자. 행동하자. 용기내서 손해볼 것은 없다.'는 것. 동료 작가들을 계속 부러워하며 기다리고만 있었다면 이렇게 빨리 내 꿈을 이루지는 못했을 것이다. 내가 먼저 용기내서 부딪쳐보아야 좋은 결과로 이어질 수 있고, 꼭 목표달성까지는 아니더라도 다음 단계로 성장할 수 있다는 것을 배웠다. 정말 이 출판 경험이 나에게는 인생을 바꾼 경험이었다. 그때 낸 책 한 권이 엄청난 임팩트가 있었거나 베스트셀러가 된 것은 아니었다. 하지만 나는 그보다 더 큰 것을 얻었다. 그 경험 이후로도 인생을 살아가며 도전을 두려워하지 않게 되었고, 행동으로 옮기는 적극적인 사람이 되었다. 상을 받았던 게 2014년, 첫 책을 낸 게 2015년이었고, 약 10년이 지난 지금 2024년, 그때의 그 배움이 지난 10년을 멋지게 조각해주었던 것 같다. 그 경험으로 나는 많이 성장했다. 그리고 앞으로도 어떤 일이든 도움을 기다리지 않고 먼저 일어나서 행동할 것이다.

Part 2

나를 조각하던 계절

그땐 그랬지!

권정심

내가 근무하던 초등학교에는 사나운 할머니 밑에서 자란, 머리는 안 좋을지 모르나 아주 성실한 학생이 있었다. 성적이 낮고 말주변이 없고 자신감이 없어도 성실하고 인정의 욕구가 강한 아이였다. 지금은 원미중학교에 입학을 하였는데, 원미중학교에 근무하는 사서교사에게 전화를 하여 그 친구의 사정을 이야기하고 햇살나눔사제동행도 받을 수 있게 하고 사례관리를 전화로 부탁했다. 그 어린 친구를 보면 어렸을 적 나를 보는 것 같아서 안타까웠기 때문이다.

어린 시절 나의 형제자매들은 학교를 다니면서 집안 농사를 지어야 하는 상황이었다. 일꾼을 사서 일을 할 만큼 논이 많지도 않고 경제적으로 여유롭지 않아서 온 집안 식구가 농사에 매달려야 한다. 때문에 나 역시 유아기때부터 많은 일들을 했어야 했다.

어머니가 이른 봄 보리밭에 풀을 매러 가면 따라가서 같이 보리밭을 매야 한다. 유아기의 어린 딸을 집에 혼자 둘 수가 없어서다. 옆에 앉아 있기에 심심하니 나도 밭을 매 보겠다고 이야기 하고 밭을 맸던 기억이 있다. 그럼, 지나가던 옆 마을 아줌마가 저 어린 것을 일을 시킨다고 어머니를 야단친다. 그러면 어머니도 화가 나서 "스스로 밭을 맨다고 했지. 내가 시킨 것은 아닙니다!" 하고 대꾸한다.

초등학교 4학년 때는 어머니와 같이 고추밭을 매는데 돈벌레가 우글거렸다. 그 돈벌레 사이에서 밭을 맸던 기억이 트라우마로 남아서 밤이면 한동안 잠을 자지 못했다. 쌀가마 80kg만 안 짊어봤지, 모내기부터 시작하여 모심기, 밭매기, 보리베기, 벼베기, 보리밟기 등 농사일은 안 해본 일이 없다.

벼가 올라오는 초가을이 되면 앞에 있는 논두렁에 앉아 새도 쫓아야 했다. 친구와 같이 논두렁에 앉아 우산으로 뜨거운 햇볕을 가리고 새참을 먹으면서 벼에 앉는 새를 소리지르고 쫓는다. 오랜시간 앉아 있기 지겨울 때가 많았다.

같은 동네에 사는 친구 영니는 고등학교 시절 어머니하고 콩밭을 매러 갔다가 엄지손가락만큼 나온 콩대를 엉덩이로 다 부러뜨렸다. 어머니가 화가 나서 "집으로 가라 이 가시내야!" 라며 화를 내면 영니는 일요일 오후 내내 방안에서 뒹굴거리며 라디오방송에 보내기 위해서 뭔가를 쓰곤 했다. 그런 친구가 너무도 부러웠다.

나의 부모님은 일을 잘하든 못하든 계속 끝까지 농사일을 시키셨다. 평일이고 주말이고 항상 논, 밭에 가서 일하는 것이 나의 삶이고 일과였다. 언니들이나 남동생이나 다 마찬가지이다. 대학을 다니든 중간고사가 코앞이든 집에 와서 나락을 베라 하면 베어야 했다. 70세가 훌쩍 넘은 두 노인들이 벼를 베고 있기 때문이다. 살면서 부모님께 공부하라는 이야기는 단 한 번도 들어본 적이 없이 자랐다. 일하자는 이야기는 수없이 들었지만 말이다. 지금 내가 농사를 남편보다 잘 짓는 것은 이러한 경력이 있어서인 것 같다.

나보다 열아홉 살 많은 둘째 언니는 25세에 시집을 갔는데 일 잘한다고 소문이 나서 부농의 총각들과 그의 부모들이 신붓감이나 며느릿감으로 욕심을 냈다고 한다. 1970년대 그 당시 25세는 시집을 가기에 혼기가 꽉 찬 늦은 나이었다. 아홉 살 넷째 언니와 여섯 살이었던 나와 다섯 살 남동생은 전주에서 하는 결혼식장에 가지 못하고 시골집 방 아랫목에 앉아 있었던 기억이 난다. 그렇게 나이가 들도록 둘째 언니가 찾던 조건의 남자는 도시남자였다. 농사일이 너무나도 싫었던 언니는 혼기가 꽉 차도록 도시남자를 기다리고 있었던 것이었다. 그래서 결국 전주에 사는 형부를 만나 결혼을 하고 도시생활을 시작했다.

예민하고 민감한 어린 시절, 하기 싫은 농사일을 해야한다는 것은 견디기 힘든 일이다. 이 가정에 태어나서 살아야 한다는 것은 어쩔 수 없는 숙명과도 같은 일이었다. 즐거웠던 일을 생각해 보면 손가락에 꼽을 정도지만 하기 싫은 일을 견디어야 했던 농사일들은 훨씬 더 많았다.

어린 시절 스스로 하고 싶은 일을 결정하거나 해보며 자라지 못해서 무엇인가를 스스로 결정하고 책임져야 한다는 사고가 형성되지 않았다. 절대복종과 순종을 하며 살다보니 항상 수동적이었다. 온화한 아버지와 달리 어머니는 사납다고 소문이 났다. 그렇다고 나쁜 어머니는 아니었다. 15살에 정신대에 끌려 갈까봐 느닷없이 아버지에게 시집을 급하게 왔다고 한다. 맛있는 것을 만들어서 다정하게 자식에게 줄 줄 몰랐으며, 친척 집에 행사가 있어도 나서서 도와주는 걸 싫어했다. 자식들을 위해서 희생하는 걸 싫어해서 자식들이 많이 힘들어 했으나 어디 가서 남을 흉보는 일이 없고, 입이 무거웠다.

어머니도 아들 셋을 잃고, 남은 육남매를 키우는 일이 보통 힘든 일이 아니었다고 한다. 10년을 가슴앓이병을 앓으면서 오늘 내일 죽을 것 같이 살았다고 한다. 이 병은 명치끝 부위가 쥐어 비트는 듯이 아프고 가슴으로 올려 뻗치는 심한 아픔이 동반되는데 요즘 말로는 위경련이라 한다. 그때는 치료법도 없었던 시절이고 병의 원인도 찾지 못했던 시절이다.

살면서 부모를 거스른 일은 딱 2가지이다. 부모님은 원하지 않았으나 대학에 입학한 것과 집안에서 말렸으나 남편과 결혼 한 것이다. 이 일 외에는 부모님의 말을 거역하거나 말을 안 들은 적이 한 번도 없었다.

이렇게 힘들고 어려웠던 어린 시절이었지만 이 시간들 덕분에 얻은 것도 많다. 약속한 일은 꼭 지키며 거짓말을 하지 않고, 한 번 시작한 일은 끝까지 마무리하며, 맡은 일에 대해서 책임을 지고 성실하게 임한다.

지금은 여행을 가면 체험학습으로 인정되고 진단서를 제출하면 결석처리를 면할 수 있다. 그 시절에는 눈이 오나 비가 오나, 병이 나서 열이 펄펄 나더라도 등교를 해야했다. 그래서 고등학교 시절에는 정근상을 받았으며 중학교 때는 개근상을 받았다. 학습 우수상이 아니면 훌륭한 상이 아니라고 생각하여 개근상, 정근상을 버리기도 하였지만, 사실 그 상은 대단한 인내가 아니면 받지 못하는 상이었다.

어떤 일을 부여받았을 때는 항상 성실하게 임하여 모든 사람들에게 칭찬을 받았다. 이것은 나도 모르게 어렸을 때부터 부모님의 농사일을 도우며 형성된 나의 성향이다. 어릴 때부터 형성된 성실함과 책임감은 그 후 청소년기와 성인기를 살아가는 데 든든한 버팀목이 되어주었다.

너만의 연예인

박주헌

"신수중? 거기가 어디야?"

내가 받은 중학교 배정 통지서를 함께 보고 있던 친구가 궁금한 지 나에게 물어보았다.

하지만 나도 생소한 학교였다. "우리 동네에 신수중학교란 데가 있었나?" 나는 다른 친구들에게 신수중학교를 아는지 물어보았다. 한 친구가 알고 있다고 한다. "거긴 여기서 먼 학교인데 어떻게 배정된 거지?" 그 친구도 의아한지 이렇게 되묻는다. 알 수가 없었다. 안타깝게도 우리 반에서 그 학교에 배정된 것은 내가 유일했다. 당혹감이 밀려왔다. 배정되기 전까지만 해도 친한 친구들과 같은 중학교에 배정되길 간절히 원했건만. 웬걸. 반 친구 모두와 이별을 할 줄이야.

나중에 들은 말이었지만 6학년 학생 수가 천 명에 가까웠는데 단 네 명만 그 중학교에 배정된 것이었다. 당시의 중학교 배정 방식은 이른바 뺑뺑이였기 때문에 왜 그 학교로 배정되었는지는 알 수 없었다. 운이 지지리도 없었다고 생각되었다.

집에 돌아와 부모님께 여쭈어보니 아버지는 어떤 학교인지 알고 계셨다. 우리 동네에서 동네 두 개를 넘어가야만 한다고 했다. 왜 거리가 먼 학교에 배정되었는지 아버지도 이상하다고 하셨다. 이후 정확한 위치를 말씀해 주셨는데 그간 한 번도 가보지 못했던 동네라 생소하여 와 닿지 않았다. 친구들 대부분은 같은 학교에 배정받아 부럽기만 했다. 우리 집에서 얼마 떨어지지 않은 학교여서 친숙했던 곳이다. 왜 나만 그 학교에 가지 못한 걸까 원망하는 마음이 들었다. 우리 집이 가난해서일까? 얼마 후 엄청난 부자 아버지를 둔 친구도 나와 같은 학교에 배정되었다는 소식을 듣고는 그 의혹은 자연스럽게 해소되었다. 알 수가 없는 일이다.

중학교 입학 며칠 전 예비 소집이 있어 학교를 가야 했기 때문에 아버지가 지도를 그려주셨다. 지도를 따라가는데 잘 모르는 길이어서 한 시간이나 걸렸다. 매일 이렇게 학교를 가야 한다는 사실에 짜증이 밀려왔다. 학교에 도착해 배정받은 반으로 향했다. 어떤 친구들이 있을까? 가슴이 두근두근하다. 낯선 동네, 낯선 학교라는 중압감이 나를 짓눌렀다. 적어도 내가 아는 친구 한 명쯤은 있었으면 좋겠다는 기대도 해본다. 교실에 들어서자 먼저 앉아있던 아이들의 시선이 나에게 쏟아졌다. 그 아이들의 얼굴 표정은 '누구지?'의 의미와 익숙한 친구의 모습을 기대했다는 듯 실망한 표정이 뒤섞여 나에게 고스란히 전해졌다. 그것은 나도 마찬가지였다. 실낱같은 기대가 있었건만 배정된 반에 한 다리 건너 아는 친구조차 찾을 수가 없었다. 말 한마디 걸기조차 두려워 손이 땀으로 젖었다.

학기가 시작되고 쉬는 시간마다 원래 알고 지내던 친구들끼리 삼삼오오 얘기하고 장난을 치는 모습을 물끄러미 바라보기만 했다. 며칠이 지나서야 옆에 앉은 동급생에게 간신히 말을 걸 수 있었다. 그 말이란 것도 수업 시간에 대한 단순한 문답 수준이었다. 낯선 동네를 지나는 통학로가 익숙해지고 그 거리가 점차 짧아짐을 느낄 무렵에서야 주변 친구들에게 조금씩 말을 건네기 시작했다. 그러자 그 친구들도 내가 어디 사는지, 어느 학교에서 왔는지 등 궁금한 것을 물어보았다. 통성명도 하고 서로의 사는 곳도 알게 되니 교실이란 공간이 한층 부드러워진 듯했다. 그전만 해도 교실은 나에게 살얼음판 같은 공간이었다.

그렇게 친구 서너 명 정도와 말을 나누는 단어 수가 늘어나고 있었으나 그 이상의 친밀함은 쉽게 생기지 않았다. 나를 반 아이들에게 빠르게 알릴 수 있는 방법이 있을지 고민해 보았다. 고민 끝에 아이들에게 나만의 '쇼'를 보여주자는 생각에 이르렀다. 무슨 쇼를 보여줄지 고민이 시작되었다. '아이들이 좋아할 만한 것이 있을까?' 생각 중에 당시 인기가 높았던 가수 '심신'의 무대를 텔레비전에서 우연치 않게 볼 수 있었다. 그 가수는 특유의 제스처가 있었는데 손가락으로 허공을 찌르면서 노래를 부르면 관객석에서 열화와 같은 호응이 있었다. '그래! 저거야' 그때부터 난 심신의 데뷔곡 '오직 하나뿐인 그대'의 가사와 제스처를 익히기 위해 그의 공연 모습을 녹화해서 연구를 했다. 어떻게 하면 최대한 비슷하게 할 수 있을지에 대한 연구였다. 노래와 춤에 대한 재능이 특출나지 않았던 터라 최대한 그럴듯해 보이도록 노력했다. 며칠 후 어느 정도 따라 하는 것이 가능해졌다. 가사도 다 외웠고 준비가 되었으니 이제 데뷔 무대를 선보이기 위한 기회를 호시탐탐 노렸다.

쉬는 시간이 제격이었지만 마땅한 타이밍이 없었다. 아이들이 거의 교실 밖에 나가 있기에 공연을 하기에는 관객이 너무 적었다. 그렇게 타이밍을 잡지 못하고 날짜만 흘러갔다. 준비한 것을 펼치지도 못하고 이대로 끝날 수 있겠다 싶어 조바심이 들었다. '그냥 한두 명이 본다 해도 하자!'라는 마음이 생겼고 이젠 용기만이 필요했다. 심장이 쿵쾅대며 요동치기 시작했다. 하겠다는 마음을 먹고 난 이후에는 아직 의자에 앉아있었지만 내 몸은 이미 무대 위에 서 있는 것과 같은 반응을 하고 있었다. 선글라스를 손에 쥔 채 몇 번이고 머릿속으로 리허설을 했다. 서너 명 정도만 교실에 있었고 복도 밖은 아이들의 장난 소리로 왁자지껄했다. 나는 뚜벅뚜벅 교실 앞으로 걸어나가고 있었다. 그때까지 교실 안에 있던 아이들은 내가 무얼 할 지 전혀 눈치채지 못했다. 교실 칠판 앞에 나아가 교실 안의 아이들을 바라보고 서 있으니 그제야 '쟤 뭐 하지?'란 눈빛을 보내왔다. '심신'의 시그니처 아이템 선글라스와 마이크를 대체한 숟가락을 주머니에서 꺼냈다. 그러자 아이들은 더욱 호기심에 가득 찬 얼굴로 나를 바라보았다. 그때 "뭐 하려고?"라는 소리가 들려왔다. 난 대답 대신 선글라스를 쓰면서 숟가락을 손에 들고 노래를 부르기 시작했다. "그리움 두고서 가지는 마~ 나 홀로 있으면 외로운데~" 교실 안의 아이들이 갑자기 환호성을 지르며 내 앞으로 달려들었다. 그러자 그 소리를 듣고 복도에 나가 있던 많은 아이들이 교실 안으로 몰려 들어왔다. "와~ 와~" 그 당시 가장 인기가 많았던 가수의 노래가 라이브로 들려오니 오죽하겠는가? 그저 동급생일 뿐이지만 그럴싸하게 노래와 춤을 추고 있으니 교실 안은 콘서트장을 방불케 할 정도의 열광으로 가득했다. '심신'이 직접 왔었다고 해도 그 분위기는 크게 차이가 나지 않았으리라. 무대를 마치자 아이들은 "앵콜~ 앵콜~"을 외치고 있었다. 불행하게도 난 두 번째 곡을 준비하진 못했기에 더 이상 준비된 것이 없다고 하자 아이들은 탄식을 했다. 자리로 돌아가는데 아이들이 연신 박수와 환호를 나에게 보냈다. '해냈다!' 머릿속에서 그려왔던 시나리오보다 훨씬 큰 호응을 받았기에 얼떨떨한 마음이 들었다. 아이들은 저마다 상기된 얼굴로 나에게 어떻게 준비했는지, 원래 노래와 춤을 잘 추는지 등 온갖 물음을 쏟아내었다. 가슴은 벅차올랐고 마치 연예인이 된 것 같은 기분이었다. 마음속에서 나즈막한 외침이 들렸다. '대성공!'

무대 전과 후의 나는 마치 다른 사람이 된 것 같았다. 공연을 보지 못한 아이들이 쉬는 시간마다 공연을 해달라고 졸라댔다. 아무 때나 하면 왠지 공연의 값어치가 떨어진다는 생각이 들어 두 번째 무대 일정은 다음 날의 쉬는 시간이라고 아이들에게 알려주었다. 약속한 시간이 되자 우리 반 아이들 모두 교실에서 나갈 생각을 하지 않은 채 기대 어린 표정으로 앉아있었다. 소문을 들었는지 다른 반 아이들도 교실 뒷편과 창문에 매달려 나의 공연을 보려고 몰려들었다. 공연이 시작되고 첫 공연에서 일부 아쉬웠던 부분을 보완하여 더 능숙하게 노래와 춤을 추기 시작했다. 아이들의 환호성으로 복도뿐 아니라 학교 전체가 들썩였다. 다른 층의 학년까지 더 몰려들었다. 공연을 마치자 환호와 박수가 어제보다 더 큰 소리로 울려 퍼졌다. 이제 날 모르는 아이가 더 적을 정도가 되었고, 선생님들도 나의 소식을 알게 되셨다. 수업을 하시던 한 선생님은 궁금하셨는지 나에게 공연을 부탁했다. 공연이 시작되자 아이들의 환호성이 터져 나왔다. 그 소리에 근처 교실에서 수업 중인 선생님들이 오셔서 무슨 일이 있는지 구경하러 오셨다. 어떤 선생님은 수업 중에 양해를 구해 자신의 수업 시간에 원정 공연을 해달라고 부탁하기도 했다. 나는 우리 반을 넘어 학교 전체의 연예인이 되어 있었다. 한순간에 외톨이에서 학교에서 가장 인기 있는 아이가 되어 있었다. 친구들은 나에게 '괴물'이란 별명을 지어주었다. 괴물같이 정체를 알 수 없다는 의미라고 한다. 또 다른 친구는 매니저를 자청하며 나의 공연 스케줄 관리를 해주겠다고 나섰다. 한동안 나는 매일 한 번 정도는 다른 반에 가서 공연을 했다. 거의 모든 학생들이 내 공연을 보았다. 자칫 지루해질 수 있기 때문에 새로운 레퍼토리를 고민하기 시작했다. 이제 두 번째 곡을 준비할 때가 온 것이다. 심신의 "욕심쟁이"를 두 번째 노래로 선정했다. 선정 이유는 심신도 이 노래를 후속곡으로 하여 히트를 쳤고 경쾌한 비트의 댄스곡이라서 신나는 무대를 하기에 안성맞춤이었다. 두 번째 레퍼토리를 집에서 연습하기 시작했다. 이제 공연이 가능한 수준이 되어 평소 부르던 노래가 아닌 다른 노래를 하기 시작하자 선생님과 아이들은 눈이 휘둥그레지며 더욱 열광적으로 환호를 보냈다. 두 번째 노래를 선보인 후 바뀐 레퍼토리로 한동안 교내 공연을 이어나갔다. 이후의 나는 자신감이 생겼고, 친구들과의 관계도 원만해졌다.

2학년이 되자 한창 서태지와 아이들이 광풍을 일으키고 있었다. 나의 레퍼토리도 서태지의 노래들로 채워나갔다. 시그니처 댄스인 회오리춤과 주먹을 지르며 뒤로 물러서는 춤을 따라 하며 인기몰이를 하였다. 절대적인 춤 실력으로 보면 잘 추는 편이 아니었음에도 웃음을 주자는 마음과 자신감으로 공연을 하니 통했다. 이후 '듀스'의 노래와 춤으로 또 새로운 레퍼토리를 이어나갔다.

  연예인의 인기도 오르내림이 있듯 3학년이 되자 나의 인기는 예전과 같지 않았다. 아이들이 나이를 먹는 만큼 성숙해지니 내 공연이 유치하다는 느낌이 들었을 것이다. 나 스스로도 그러한 생각이 들었으니 말 다한 것이다. 나를 불러주는 이는 이제 거의 없다시피 했다. 인과 관계는 모르겠으나 내 마음도 가을 낙엽과 같이 시들어 말라버렸다. 더 이상 새로운 레퍼토리를 연구하지 않았다. 인기란 물거품과도 같은 것이라 하더니 이제 친구들이 나를 보는 시선이 여느 친구들을 바라볼 때와 다름이 없었다. 신수중 연예인은 완전히 잊혀진 존재가 되어 버렸다. 그런 상황이 전혀 싫지 않았고 해가 저물어가듯이 자연스럽게 느껴졌다.

  돌이켜 보았을 때 그날의 용기는 이후의 나에게 다른 용기의 원동력이 돼주었다. 고등학교에 진학하기 전 우리 집은 다른 동네로 이사를 가게 되었다. 그러면서 또 다시 낯선 고등학교에 배정받게 되었다. 아무런 연고도 없는 고등학교 생활을 막 시작할 때 내 머릿속에 이미 어떻게 해야 할지 계획이 서 있었다. 각오는 이미 되어 있었다. 선생님이 반장 선출에 앞서 자원할 사람이 있는지 우리에게 물어보았다. 요즘은 반장을 서로 하겠다고 했겠지만 그때만 해도 해야 할 일이 많아지기 때문에 스스로 나서 하려던 시절은 아니었다. 선생님이 점찍어둔 반장이 이미 내정이 되어 있기에 자원 요청은 요식 행위에 가깝다는 말을 들었던 바이다. 난 굴하지 않고 손을 번쩍 들었다. "제가 하겠습니다. 반장!" 선생님이 많이 놀라신 눈치다. 아이들도 "오~"라는 탄성과 함께 나를 신기하게 쳐다보았다. 낯선 동급생의 당돌한 모습이 적잖이 놀라웠을 것이다. 선생님이 당황스럽게 대답을 하신다. "진짜 반장을 하고 싶다고?" 나는 더욱 강하게 대답했다. "네!" 선생님이 한참을 망설이시더니. "용기가 대단하네. 미안하지만 반장은 선생님이 선출해도 되겠지? 대신 너는 부반장을 하거라." 그렇게 우리 반에서 가장 공부를 잘할 것 같이 생긴 아이가 반장이 되었고, 난 부반장이 되었다. 스스로 부반장이 된 나를 모르는 동급생은 이제 더 이상 없었다. 그곳은 더 이상 낯선 공간이 아니었다.

중학교에 처음 발을 들여놓은 순간 나는 텅 빈 우주에 홀로 떠 있는 듯한 느낌을 받았었다. 낯선 환경 속에서 외로움은 점점 커져만 갔고 마치 투명인간이 된 듯 주변 친구들과 어울리지 못했다. 하지만, 용기를 내어 무대에 서는 순간 나는 새로운 나를 발견하게 되었다. 그 경험은 단순한 학교생활의 에피소드를 넘어, 내 삶의 중요한 전환점이 되었다. 고등학교에서도 낯선 환경에 적응해야 했지만, 그때 얻었던 용기 덕분에 주저하지 않고 반장에 도전할 수 있었다. 낯선 환경에서면 나는 다시 무대에 서듯 자신을 드러냈다.

나를 조각하던 계절

요즘에도 중학교 친구들은 나를 이름 대신 '괴물'이라고 부른다. 별명을 들을 때면 내 머릿속엔 노래와 춤을 추던 한 명의 연예인이 선명하게 떠오르곤 한다. '괴물'은 나에게 두려움을 이겨낸 용기의 상징이 되었다.

네가 그럴 줄 몰랐다

이복선

"우리 반 장기자랑은 혜주가 해야지."

우리 반 으뜸 춤꾼인 친구가 있었다. 책상 위에 후배들이 놓고 간 선물이 자주 놓여있었고, 약간 보이시 하지만 이쁘기도 한 매력으로 시선이 가게 하는 친구였다. 내가 다니던 학교는 여자고등학교지만 바로 옆에 여자중학교도 있어 그 친구는 그 여중에서부터 이미 인기가 있었던 친구였다.

여고라서 그런지 우리만의 문화가 있었다. 난 2학년 때부터 3학년 합창단 언니를 좋아해서 항상 점심시간에 놀러 가서 연습을 구경하곤 했었다. 내 친구들은 다른 동아리 언니들을 쫓아 다니곤 했다. 난 합창단 동아리 언니를 보기 위해 점심을 2~3교시 쉬는 시간에 일찍 까먹고 점심시간에는 그 언니들이 하는 합창단 연습을 보러 다녔다.

"저 언니 너무 이쁘고 멋있어." 그러면서도 그 언니에게 선물을 할 용기는 없었다. 그냥 먼발치에서 친구들과 보기만 했다.

그 친구도 후배들에게 그런 존재였다. 외모는 밝은 갈색의 짧은 커트머리에 얼굴은 작고 왜소한 체격으로 교복 조끼와 치마가 항상 헐렁

하게 여유가 있었다. 그때는 힙합 패션이 유행이라 그런 모습이 더 멋있어 보였다. 그 당시 살이 한창 올라서 조끼가 살짝 끼었던 나와는 대비되는 모습이었다.

　난 전부터 춤을 좋아했었다. 중학교 시절 월미도로 소풍 가서 친구와 댄스 발표회도 나가고 동네 장기자랑도 나갈 정도로 말이다. 춤을 제일 잘 추는 혜주가 두 명 정도 같이 할 친구들을 모으는 중에 예전 중학교 때 장기자랑을 했었던 걸 본 같은 반 친구들이 나를 추천했다. 어쩌다 보니 나는 그 세 명 안에 들어가 있게 되었다. 평소 내 모습은 아주 조용하고 수업태도가 좋은 그런 학생이었다. 외모도 화려하지 않은 단발머리 통통한 여고생이었다. 아주 지극히 평범해서 잘 눈에 띄지 않는 그런 여고생..

　우리 반은 특이한 문화가 있었다. 아이들이 각자 좋아하는 선생님들이 있어서 그 선생님 수업 전 쉬는 시간에 그 학생이 칠판을 지우고 지우개를 털고 분필과 교탁을 미리 정리해 놓는 문화였다. 나도 그중 한 명이었는데 나는 정치 경제 선생님을 좋아했다. 그 선생님은 교과서 이야기뿐만 아니라 현재 정치상황에 대해서도 많이 이야기해 주셔서 수업 시간이 지루하지 않고 어려운 정치 경제 과목도 재미있게 공부할 수 있었다. 점심시간에도 선생님이 배드민턴 치시면 옆에서 응원을 했다. 그러다가 선생님이 운동이 끝나면 신으셨던 냄새 나는 운동화를 교무실까지 가져다드린다는 핑계로 선생님을 쫓아다녔다. 내가 그렇게 좋아하던 그 선생님은 유부남이셨다. 이성으로 좋아하기보단 그냥 팍팍한 고등학교 생활을 위로받고 싶었던 것 같기도 하다. 벚꽃이 만발한 봄에 아이들이 좋아하는 선생님을 모셔와 필름카메라로 사진 찍을 때, 나는 당연히 정치 경제 선생님을 모셔와 너무 좋아하며 사진을 찍었다.

반면 문학 선생님이셨던 담임선생님의 수업시간에는 나서서 칠판을 지우지 않았다. 그리고 같이 사진도 찍지 않았다. 지금 생각하면 조금 죄송한 생각이 든다. 문학 시간은 좋았지만 담임 선생님에게는 눈에 띄지 않는 그냥 조용하고 평범한 학생이었다.

수학여행 장기자랑 반대표로 나가게 된 우리는 당시 아주 유행했던 서태지와 아이들의 음악을 선정하고 춤 연습에 돌입했다. 서태지 춤은 처음이라 어색했지만 잘하는 친구들과 연습하니 다리에 멍이 다 들었어도 너무 재미있었다. 아픈 것보다 멋있게 추고 싶은 생각에 더 많이 연습을 했다. 무릎을 바닥으로 찍는 동작이 아프지만 멋있는 춤이었다. 옆의 다른 친구들이 너무 잘해서 나도 열심히 하고 싶은 맘에 힘껏 바닥에 부딪쳐 결국엔 양쪽 무릎이 멍이 들었다. 내가 원래 잘하는 건 웨이브였다. 춤의 구성 중에 혼자 춤을 추는 시간이 있는데 그 친구들은 각기춤 추고 난 웨이브 춤을 췄다. 한 달을 열심히 연습을 했다.

그리고 드디어 수학여행... 우리는 장기자랑 의상으로 멜빵바지를 선택했다. 약간 힙합스타일 같은 멜빵바지다. 드디어 무대에 섰다. 아이들의 웅성웅성하는 소리가 너무 크게 들렸다.

"쟤 누구야? 몇반이지?"

당연히 나를 물어보는 거겠지. 다른 두 명은 이미 유명한 친구들이였으니까. 그 웅성거림에 난 더 떨려왔다 그리고 생각보다 화려한 조명에 놀랐지만 그래도 연습한 대로 아니 더 세게 무릎을 바닥에 찍어가며 춤을 췄다. 친구들의 함성소리에 아픈 것도 모르고 그냥 뛰어다녔다. 그리고 나의 주특기 웨이브도 성공적으로 했다. 지금처럼 핸드폰이 있었다면 영상이 남아있을 텐데 아쉽다. 물론 엄청 촌스럽겠지만 말이다.

우리 팀은 인기상을 받았다. 이게 모두 그 친구 춤꾼의 인기 덕분이었다. 전교에서 그 친구를 모르는 친구들은 없을 정도였다. 우리의 춤이 끝나자 친구들의 함성소리가 들려왔다. 그 소리에 어떤 소름끼치는 희열을 느꼈다. 그때의 경험은 나의 고된 고등학교 생활에 버팀목이 되었다. 그리고 그날 저녁은 베개 싸움도 하고 친구들이 몰래 싸온 술도 조금 먹고 복도를 마구마구 뛰어다녔다. 어찌나 재미있던지 방방마다 돌아다니다 지쳐 잠이 들었다.

수학여행이 끝나고 어느 날이었다. 담임 선생님이 문학 수업 후에 말씀하셨다.

"교무실로 와."

'나 잘못한거 없는데 왜 그러시지...'

난 걱정스런 표정으로 선생님을 따라 교무실로 들어갔다.

'성적이 안 좋아서 혼내시려고 그러나 , 아님 수학여행 때 먹은 술 때문에 혼내시려고 그러나'

별별 생각을 다하며 선생님을 졸졸 따라 갔다.

"여기에 앉아라. 근데 복선아, 난 네가 그럴 줄 몰랐다. 항상 조용하고 말이 없던 네가 그렇게 장기자랑을 할 줄은 몰랐는데 아주 잘 추더라. 잘 했다."

담임 선생님의 휘둥그레지게 커진 눈을 보며 웃음이 지어졌다.

'제가 보기와는 다르게 흥이 많아요.'
라고 생각했지만 "네, 감사합니다." 하고 나왔다.

선생님께서도 너무 놀라셨던 모양이다. 날 불러서까지 그런 말씀을 하시다니, 하지만 기분이 나쁘지 않았다. 유명인이 된 것처럼 어깨가 으쓱해지는 느낌이었다. 그 후 학교 생활도 더 즐겁게 했다. 나는 음악과 춤을 다 좋아한다. 그 이후 대학생이 되서는 너무 스트레스 받을 때 혼자 오락실에 가서 펌프게임도 했었다. 노래방도 혼자 잘 갔다. 그리고 중,고등학생 때는 좋아하는 가요를 열심히 테이프로 녹음해서 가사를 적어가며 외웠던 기억도 있다. 내 안에 또 다른 내가 참 많이 있다. 친하지 않은 친구들은 이런 나를 상상하기 어려울 것이다.

지금도 그 또 다른 나의 모습으로 나는 살아가고 있다. 흥을 즐기는 또 다른 나는 힘들고 고민이 있을 때 발동이 된다. 내가 장기자랑을 할 정도로 좋아하는 음악과 춤으로 스트레스를 풀고 있다. 그런 나의 모습들이 나만의 도피처가 되고 우산이 되어주고 있다. 또한 긍정적인 생각을 할 수 있게 해주기도 한다. 힘들 때 안 좋은 생각에 잠겨 있거나 축 쳐져 있지 않고 신나는 음악을 들으며 운동하거나 산책을 나간다. 그러면 기분이 한결 나아지고 용기가 생겨난다. 지금도 그때의 행복한 추억과 그 짜릿했던 경험으로 오늘을 살아간다.

Smile Soldier

박주헌

대한민국의 남자라면 꼭 한 번은 군대를 다녀와야 한다. 모두가 한다고 해서 쉬운 일은 아니다. 20년도 더 된 오래전 기억이지만, 그때를 떠올리면 어떻게 버텼는지 신기하다. 유럽의 암흑기였던 중세 시대에도 문명이 발전했듯, 인생의 암흑기라 불리는 군대 시절도 나를 성장하게 만들었음을 시간이 지나면서 더욱 선명하게 느끼게 된다.

나는 IMF 위기가 절정이던 시기에 입대하게 되었다. 그 시절에는 실업을 피하려고 앞다투어 군대로 향했기 때문에 원하는 시기에 입대하는 것이 매우 어려웠다. 신청한 뒤 몇 달은 대기해야 입대할 수 있었기에, 나도 반년을 기다려서야 겨우 입대할 수 있었다. 훈련소 인원이 정원을 초과하면서 보급 물자는 빠듯했고, 잠자리조차 부족했다. 새우잠을 자는 일이 흔했고, 심지어 총기 보관 캐비닛 밑에서 자다가 총이 떨어지는 바람에 잠에서 깬 적도 있었다. 화장실 이용 시간은 턱없이 짧았기에 고봉밥을 먹어온 지 일주일이 지나도록 큰일을 보지 못했다. 다른 동기는 2주나 지나서야 해결할 수 있었다는 이야기를 나중에 들었다.

훈련소 생활이 끝난 뒤 자대 배치를 받았다. 강원도 홍천의 한 포병대대로 향하는 길은 설렘과 두려움이 뒤섞여 있었다. 내무반에 도착하자마자 선임병들이 호구조사를 시작했다. 출신 지역, 나이, 여자친구 유무 등을 묻던 그들의 질문에 무릎에서 손을 떼지 못한 채 하나하나 대답했다.

한바탕 묻고 답하기가 이어진 이후에도 작대기 4개의 병장 계급장을 달고 있었던 사람들이 우리에게 붙어서 계속 농을 친다. "난 제대까지 3개월 남았는데 너는 2년이네. 까마득해서 어쩌냐? 그때쯤엔 자동차가 아마 날아다니고 있을 거야. 나 같으면 자살했다." 자랑 반 놀림 반 시비를 건다. 나중에야 알았는데 엄청나게 심심한 사람들이라 그랬던 것이다. 선임들은 감흥이 떨어졌는지 다른 곳으로 가버렸다. 곧이어 작대기 1~2개짜리 일, 이등병 들이 우리 주변을 둘러싸고 어떻게 생활해야 하는지를 세세하게 알려준다. 병장 이상부터 내무반 내 눕기, 젓가락 사용, 호주머니에 손 넣고 걷기를 할 수 있고, 상병 이상부터 앉아서 군화 신기, 또 일병 이상이어야 앉아서 양말 신기, PX 이용, 한 손으로 담배 피우기, 모자챙 굽히기를 할 수 있다는 규율이다. 가장 졸병인 이등병은 할 수 있는 게 아무것도 없었다.

낮에는 주특기였던 통신병에 대한 훈련을 하고 저녁에는 청소와 함께 선임들의 놀이 상대가 돼주어야 했다. 선임이 화를 내면 차례대로 그 화가 맨 밑까지 내려왔다. 저녁 무렵 어둑어둑해지면 청소를 끝낸 순으로 기강을 잡는 시간이 찾아온다. 기강 잡기할 때는 세워놓고 모욕 주기와 신체적인 고통 주기 등 다양한 가혹행위가 있었다. 밤 10시 이후 꼭 한 번은 자다 말고 1시간 동안 경계근무를 하러 나가야 했다.

2인 1조로 이루어져 나와 같은 신병은 선임과 함께 조를 이루어 근무를 서야만 했다. 하늘 같았던 선임을 조심스레 깨우고 함께 근무를 서는 것은 쉬운 일이 아니었다. 나에게 잘해주는 선임도 있었고 무서운 선임도 있었기에 근무표가 나올 때마다 긴장이 되곤 했다. 군대란 곳을 이해하게 되면서 앞으로 2년을 어떻게 보낼지 더욱 막막해졌다.

오래전부터 나의 별명은 사오정일 정도로 귀가 어두운 편이었다. 그러다 보니 선임이 뭉뚱그려 얘기한 지시사항에 따르기가 쉽지 않았다. 이러한 이유로 선임에게 핀잔을 듣기 일쑤여서 힘들고 괴로운 나날이 계속되었다. 어떻게 하면 나갈 수 있을지를 고민해 보았지만 탈영 하는 것 외에는 불가능했고 그냥 참는 수밖에 없었다. 악몽을 꾸는 경우가 잦았는데 잠꼬대를 하는 바람에 시끄럽다며 불침번을 서고 있던 선임병에게 머리를 세게 얻어맞은 적도 있었다. 괴로운 나날의 연속이었다.

어느 날 세수를 하다가 거울 속에 비친 나를 유심히 보게 되었는데 웃음기 하나 없이 당장이라도 죽을 것 같은 표정을 하고 있는 낯선 사람이 거울 안에 있었다. 이런 얼굴을 한 채로 2년을 보낼 수도 있겠다는 생각에 아득함이 밀려왔다. 내 안에 있던 다른 자아가 소리쳤다. '이건 네가 아니야. 너의 모습을 되찾아야 해' 그제서야 변화된 환경과 상황에 좌절만 해온 내가 보였다. 그리고 속으로 생각했다. '이대로 가면 나의 미래는 뻔하겠지? 이제 나를 변화시켜야겠어!'

나는 행동과 말부터 바꾸기 시작했다. 행동은 최대한 빠르고 열심히, 말은 되도록 크게 했다. 발음이 부정확한 선임병이 지시할 때 손가락을 가리키면 일단 그 지점으로 가서 상황을 보며 움직였다. 지시를 받자마자 빠르게 움직이니 설사 틀렸다고 하더라도 큰 나무람은 없었다. 행동의 변화는 여러 방면에 영향을 끼쳤다. 땀이 많은 나의 체질 덕에 훈련 때 열심히 동작을 하다 보면 연신 땀이 흘렀다. 땀을 비 오듯 흘리면서 훈련을 하고 있으니 칭찬을 받았다. 선임병이 얘기하면 가장 크고 우렁차게 대답했다. 아무리 기분 나쁜 말을 해도 속으로 누르고 싫은 내색 없이 큰 목소리로 대답했다. 그렇게 하는 것이 처음엔 '왜 저러지?' 하는 반응을 불러일으켰으나 곧 자연스럽게 인정을 받기 시작했다. 선임병들은 나를 가리키며 "쟤처럼 하면 된다"라는 얘기를 하기 시작했다. 선임들의 나를 향한 시선이 부드러워지자 군 생활의 난이도가 급격하게 낮아졌다. 더 이상 나는 화풀이 대상으로 지목되는 일은 없었다. 그렇게 나에게 군대는 지옥 같았던 곳에서 때로는 즐거운 일도 있고 재미도 있는 살만한 곳이 되어 있었다.

이등병을 벗어나기 시작할 무렵 '태권무'라는 태권도를 기반으로 한 신식 체조를 군대에 선보이는 시연 행사가 있었는데 부대원 전체가 시연자를 따라서 체조를 하는 행사였다. 정식 훈련이 아니었기 때문에 다들 설렁설렁 따라 했는데 난 동작을 그 누구보다 크게 열심히 따라 했다. 얼굴과 몸은 땀으로 온통 범벅이 되어있었다. 나를 유심히 지켜보던 시연자가 나를 가르키며 대대장에게 말을 하는 것 같았다. 행사가 끝이 나고서 시연자는 자신이 여러 군부대에 시연을 다녀보았지만 이렇게 열심히 잘 따라 하는 병사는 없었다며 나를 가리켰다. 그때 대대장의 얼굴은 함박 미소를 띠고 있었다. 내무반에 돌아왔는데 행정보급관이 날 부르더니 대대장이 특별 포상휴가를 나에게 하사했다고 축하한다고 했다. 일부 질투 어린 시선도 있었지만 대부분은 축하해 주었고 곧 즐거운 휴가를 나갈 수 있게 되었다.

매년 '전투력 측정'이라는 부대의 전투력을 평가하는 시험을 치렀는데 대대장의 진급 등에 영향을 미쳤기에 매우 중요한 평가였다. 보통 상병급 이상의 선임들이 선발되는데 분대장이 일병인 나를 이례적으로 선발 조원으로 임명했다. 선발 조는 시험 당일 우선적으로 기용되는 조이므로 정예 병사만 뽑히는데 내가 선발된 것이다. 시험은 이론과 실무로 나누어지는데 실무평가는 대형 무선 안테나를 빠른 시간 안에 설치하고 무전기로 암호문을 정확하게 전달해야 한다. 몇 달에 걸쳐 평가를 위한 훈련을 반복했고 절대 실수하지 않겠다는 의지로 열심히 준비했다. 평가를 치르고 결과가 나왔는데 우리 대대가 1등이었다. 다른 대대의 경우 안테나를 제대로 세우지 못하고 쓰러뜨린 대대도 있었는데 우리는 잘 세웠는데다 가장 빠르게 친 것이 1등 요인이 되었다. 당연히게 축하와 포상휴가가 뒤따랐다.

시간이 지남에 따라 계급이 오르고 군 생활의 주도권이 온전히 나에게 주어지자 그간 내 핏속에 흐르고 있는 연예인 병이 도졌다. 매년 부대에서 장병의 노고를 치하하기 위한 큰 잔치가 열렸는데 행사의 하이라이트는 장기 자랑이었다. 포상 휴가가 걸려있기 때문이었다. 나는 장기 자랑을 하기로 결심하고 함께 할 인원을 모으기 시작했다. 차력이라는 소재를 통해 코믹쇼를 펼치는 것에 승부수를 걸었다. 우린 차력팀으로 출전하게 되었는데 웃통을 벗은 차력사들의 모습에 부대원들의 엄청난 호응을 이끌어냈다. 여러가지 웃기는 차력쇼를 이어가며 점점 분위기를 고조시켰다. 마지막 순서로 웃통 벗은 차력사인 나의 가슴에 엄청나게 긴 고무줄을 감고 고무줄 끝을 차력사가 끌어당기면서 나에게서 멀어지고 있었다.

그대로 놓아도 당겨진 고무줄에 의해 내게 고통을 줄 것이기에 사람들의 웃음과 탄성이 점점 커져갔다. 고무줄을 잡고 있던 차력사는 멈추지 않고 반대편 좌석에 앉아있던 대대장에게까지 고무줄을 끌고 가서 대대장 손에 쥐여주었다. 대대장의 손끝에 내 고통의 시간이 결정되게 되자 환호성은 정점에 이르렀다. 대대장은 웃음과 함께 부대원들에게 쇼맨십을 보인 뒤 고무줄을 놓았다. 탄성이 붙은 고무줄이 나의 가슴팍을 찰싹하고 때리자 좌중은 환호성과 웃음으로 초토화가 되었다. '됐다!' 난 그때 우리가 포상휴가를 갈 것이라 믿어 의심치 않았다. 결국 우린 1등을 차지해 차력팀 모두 휴가를 받게 되었다. 그렇게 난 중대에서 포상휴가를 가장 많이 다녀온 병사가 되었다.

매년 여름마다 이어진 두 달간의 야외 훈련은 고역이었다. 습하고 더운 날씨 속에서도 웃으며 훈련에 임하는 나를 보며 후임병이 "힘들지 않으세요?"라고 물었다. 나는 "재미있다고 생각하면 웃음이 나온다"고 답했고, 그 후임병의 놀란 표정이 아직도 기억에 남는다.

제대가 몇 달 남지 않았을 때, 반대편 내무반에서 환호성이 들리더니 한 후임병이 달려와 말했다. "박주헌 병장님! 이등병부터 상병까지 가장 좋아하는 선임병 투표에서 1등 하셨습니다." 그 순간만큼은 세상 무엇과도 바꿀 수 없는 기쁜 순간이었다.

단지 생각을 바꿨을 뿐이었지만 군대에서의 삶은 천지차이로 바뀌어 있었다. 군대 생활은 결코 쉽지 않았지만, 나에게 중요한 깨달음을 주었다. 주어진 환경을 탓하기보다 나를 변화시키는 태도가 얼마나 중요한지를 알게 되었다. 살면서 도망치고 싶을 때가 찾아오지만, 그때마다 홍천의 군대 시절이 떠올라 마음을 다잡는다. 군대에서 보낸 시간은 분명 힘들었지만, 나를 또 한차례 성장시킨 소중한 경험이었다.

대의를 위해 스스로 이별 집행관이 되다

김지원

　첫 직장 퇴사 후 고향인 부산에서 지내며 '연봉이 낮아지더라도 내 위에 딱 한사람만 있는 소기업에 들어가자'고 생각하고 있던 차에 취업의 기회가 생겼다. 취업 기회라고 말하기도 좀 애매했다. 왜냐하면 그 회사는 대학생 때부터 알고 지내는 지인이 운영하고 있던 회사였고, 수익이 없는 회사였다. 내가 들어가서 수익을 만들어내야 하는 회사였다. 서울로 다시 올라가야했고 월급은 반토막나야 했는데, 그럼에도 들어가야겠다고 생각했다. 첫째, 백지에 그림을 그려나가야 하는 도전이 재미있을 것 같았다. 둘째, 서울로 가지 않으면 내가 만나고 싶은 많은 기회들을 잡지 못할 것 같았다. 셋째, 이전 회사처럼 퇴근후 업무가 없기 때문에 내 시간이 확보되어 퇴근 후에 글을 쓸 수 있었다.

　어차피 혼자 쭉 서울에서 살았었기 때문에 부모님은 별 반대를 하지 않으셨지만, 문제는 당시 만나고 있던 연인이였다. 계속 장거리연애였다가 이제야 겨우 같은 지역에서 오랜만에 함께하게 되었었는데, 또 다시 서울로 간다고 하니 많이 못마땅해했다. 당연히 싫었을 것이다. 하지만 그때의 나는 패기가 넘쳤고, 다양한 도전이 연인보다 먼저였다. 남자친구는 내가 부산에서 취업준비하고 안정적인 곳에 취업하기를 바랐다. 본인이 공기업에 취업했듯이. 그런데 그게 내 길이 아니라는 것쯤은 나도 본능적으로 알았다. 그리 할 생각도 없었고 그걸 누군가에게 강요받는 건 더더욱 싫었다. 남자친구는 이런 나를 이해하기 어려워했다. 물론, 나는 나 하고 싶은대로 했다. 결국 나는 서울로 갔고, 우리는 다시 장거리연애 커플이 되었다.

 물론 나도 많이 보고 싶었고 함께 있지 못해 아쉽고 애틋했다. 남자친구는 남들처럼 퇴근후 데이트도 하는 평범한 일상을 보내고 싶은데 그러지 못하는 것을 슬퍼했다. 벌써 연인이 된 지 3년이 되어가는데, 3년이란 기간에 비해 실제로 만난 시간은 얼마 되지 않는다며 불평했다. 나도 그게 아쉬웠지만 그걸 위해 '진로'를 조정할 순 없다고 생각했다. 내 성향은 그랬다. 나에겐 사랑이 너무 중요하지만, 항상 그보다 '내가 하고 싶은 대로 하는 것'이 더 중요했다. 나 다운 길을 선택하고 싶었다. 그렇게 또 장거리연애가 시작되었고 서울로 올라온 뒤 8개월쯤 관계를 더 이어나갔던 것 같다.

 우리는 이런 가치관 차이 때문에 이별하기 전 마지막 1년 동안 비슷한 싸움을 종종 했었고 그 시간 내내 나는 이별을 고민했다. 고민만 하고 헤어지지 못했던 이유는 '헤어짐이 너무 무서웠기' 때문이다. 막상 이별하자니 당장 너무 마음이 힘들 것 같았다. 그래서 헤어짐을 얘기할 용기가 안났다. 그 사람은 둘째치고, 당장 내가 너무 힘들 것 같았으니까. 그리고 당장 어려운 선택을 부러 하지 않아도 별일 없으니까 그냥 차일피일 미뤘다. 차라리 그가 먼저 이별을 말해준다면 좋겠다 생각하며 수동적인 마음만 갖고 있었다. 하지만 1년쯤 지나니 이도 저도 아닌 이 상태가 참 비겁하다는 생각이 들었다. '내 인생'인데, 무의식적으로 계속 수동을 허락하고 있었다. 겁이 난다는 이유로 가치관이 안 맞는 두 사람의 소중한 시간들을 낭비하고 있다는 생각이 들었다. 둘 다 나이를 먹어가는데, 가치관이 안맞으면 최대한 빨리 멈춰야 하지 않나, 하는 생각.

'127시간'이라는 영화가 있다. 탐험심 많은 남자가 사막 여행을 하다 떨어진 큰 바위와 암벽 사이에 팔이 끼이게 된다. 그는 그곳에서 구조를 기다리며 127시간을 고립되어있다가, 결국 스스로 팔을 자르고 탈출한다는 실화 기반의 영화이다. 나는 이 영화를 보고 큰 깨달음을 얻었다. '살기 위해서는 스스로를 망가뜨려야할 때도 있다'는 것을 배웠다. 망가뜨림은 굉장히 큰 고통을 동반하고 출혈도 클 것이다. 하지만 그게 무서워 팔을 자르지 않으면 뜨거운 고통은 없겠지만 그곳에서 그냥 천천히 죽어가는 것이다. 죽지 않고 살아남으려면 고통과 정면으로 마주해야 하는 거였다. 나 역시 나 다운 모습으로 살아나가려면 고통과 정면으로 마주해야 했다. 그리하여 나는 더이상 이별을 타인에게 맡기지 않기로 했다. 피를 철철 흘리게 되더라도 내가 해야 할 일을 하기로 했다. 능동적으로. 결국 용기 내어 그에게 이별을 고할 수 있었다.

그 뒤에 감당해야 했던 고통은 꽤나 컸지만, 결국엔 다 아물었고 그 경험은 나를 한 층 더 성숙한 사람으로 만들어주었다. 그때의 그 선택은 내가 태어나서 한 선택 중 가장 용기있고 건강한 선택이었다. 사랑이 시들었을 때 이별을 택하는 건 누구나 할 수 있는 일이다. 사랑이 미워졌을 때 이별을 택하는 것도 마찬가지이다. 하지만 사랑하고 있음에도, 서로의 가치관 유지를 위해 이별을 택하는 것은 아무나 할 수 없는 일이다. 그 성숙한 이별은 나와 그 둘 모두에게 약이 될 거라고 생각하며 고통의 시간을 견뎠다.

그러면서 나는 내가 어떤 사람인지 정확히 알게 되었다. 나는 도전하고 싶은 게 많은 사람이고, 그 도전이 사랑하는 사람에게 무조건적인 응원을 받아야 살아있는 느낌이 든다는 것. 내가 생각하는 연인의 조건은 '서로의 길을 응원하는 것'에 기반하고 있다는 것. 취향이나 다른 자잘한 잔가지들은 다 안맞아도 괜찮지만, 가장 뿌리가 되는 '인생관'이나 '가치관'이 안맞으면 관계에 발전이 없다는 것. 그 이후로 시간이 흐른 뒤 지금의 남편을 만났을 때, 그 이별이 정말 약이 되었음을 느끼게 되었다. 지금의 내 남편은 내 성향을 인정하고 나의 길을 무조건적으로 응원해주는 사람이기 때문이다.

20대 후반에 겪었던 '내 일부를 자르고 탈출하는 듯한' 이별 덕분에 내 전체 인생을 살아가는 데 꼭 필요한 담대함을 얻었다. 이제는 고통스러운 상황을 맞이할 때 더이상 비겁하게 피하려하지 않는다. 그것을 정면으로 쳐다보고, 충분히 괴로워하고, 내가 할 수 있는 선택을 하고, 고칠 수 있는 것들을 고쳐나간다. 인생의 가장 아름답고 민감한 시기에 이러한 경험을 해볼 수 있었다는 것을 지금은 너무나도 감사하게 여기고 있다.

잃어버린 습관을 되찾다

이복선

중학생 때였다. 엄마와 다투거나 학교에서 힘든 일이 있으면 언제나 달리기를 했다. 어릴 적 에는 주택에 살아서 마당에서 강아지를 키웠었다. 저녁에 밥을 먹고는 그 강아지와 뛰면서 땀이 바람에 식혀지며 느껴지는 그 상쾌함이 지금도 기억이 날 정도로 좋았었다. 울면서 뛰기도 하고 또 웃으며 뛰기도 했었다. 그 습관은 대학생 때에 취업을 해서도 계속되었다. 이명이 생길 정도로 스트레스가 너무 심할 때는 운동화를 질끈 매고 이어폰을 끼고 집 근처 공원으로 뛰어가 1시간 정도를 뛰다 걷다 했다. 어느 날은 눈이 펑펑 내리던 공원에 운동하는 사람들이 가득했다. 흩날리는 눈을 머리에 새하얗게 맞으며 뛰던 그들의 모습이, 왠지 모르게 내게 큰 위로가 되어주었다. 그리고 그들도 나도 왠지 멋지게 느껴졌다. 그렇게 뛰다 보면 속이 체한 것 같은 답답함과 삐- 하는 이명 소리가 신기하게도 없어졌다. 나만의 스트레스 해소법이었다.

하지만 결혼하고 아이를 낳고 육아와 맞벌이를 하게 되면서 달리기를 할 시간도 나 혼자 나와서 운동할 여유도 없었다. 그런 시간이 있으면 못다한 집안일을 하거나 육아를 하기에 바빴기에 조금의 여유가 있으면 쏟아지는 피로감에 잠을 자기 일쑤였다. 그 피로감은 임신으로 인한 체중증가도 한몫했다. 막달까지 3교대를 했기에 불규칙한 식사

습관으로 30킬로그램이 쪘었다. 내가 태어나서 인생최고의 몸무게를 찍은 것이다. 하지만 아이를 낳아도 쪘던 살은 다 빠지지 않았다. 일과 육아의 스트레스로 더 많이 먹었고 먹고 나면 피로감과 졸음으로 그냥 누웠던 적이 많았다. 그 피로감은 때때로 아이와 신랑에게 잦은 신경질로 표현이 되었다. 이유 없는 짜증과 우울감이 늘어갔다. 그것은 나 자신에 대한 무력감 같은 것이었다.

그렇다. 예전처럼 나가서 운동하면 되었을 것이다. 하지만 그때의 나에겐 그럴 시간도 체력도 주어지지 않았다. 정신없는 하루를 보내고 나서야 주어지는 시간은 늦은 저녁... 그 시간은 내게 오아시스 같은 시간이었다. 하루의 피곤을 맥주와 간식으로 힐링 했지만 정작 내 몸은 조금씩 무거워지고 있었다.

아이가 초등학생이 되면서 새로운 터전으로 이사를 왔다. 전 오래된 아파트의 환경보다 안전하고 운동할 조건이 너무 좋았다. 하지만 난 처음 이사를 온 3년 정도는 운동을 하지 못했다. 이사를 하면서 직장과 거리가 너무 멀어 퇴사를 하게 되었고 나는 당분간 쉬게 되었다. 저학년인 아이를 돌보는 것에 집중을 하며 지냈는데 이상하게 쉬어도, 잠을 자도 계속 몸이 힘들고 피곤함은 여전했다. 정말 피곤했을 때는 입술 단순포진도 자주 났다.

'이렇게 많이 자는데 입술 포진이 생기네.'

이사 오기 전까지 직장 일이 너무 바빴고 이사 등의 문제로 신경 쓸 일이 많았기에 난 쉬면 좀 괜찮아질 줄 알았다. 하지만 쉬어도 쉬어도 몸은 점점 더 아프기 시작했다. 아마도 비만으로 몸의 면역이 무너졌던 것 같다.

아이가 저학년 때의 일이었다. 아이와 단둘이 여의도 한강공원에서 자전거를 타고 놀았다. 신나게 자전거를 타는 아이를 앞세우고 뒤에서 나는 연신 세게 달리지 말라고 소리를 지르며 자전거를 탔다. 그러다 매점 옆을 지나가는데 예전 교회에서 친하게 알고 지내던 오빠와 언니를 만났다. 그 둘도 결혼해서 아이가 있었다. 지나가면서 순간 얼굴을 마주쳤는데 나를 알아보지 못하는 느낌이었다. 나도 사실 살이 너무 쪄 있으니 창피한 마음에 인사를 못하고 그냥 지나쳤다. 아이를 부르며 모르는 척 지나갔다. 마음이 서글펐다. 그러면서 우울한 마음도 같이 들었다. 하지만 그 이후로도 운동은 하지 않았다. 아직 심각성을 자각하지 못했던 걸까. 아니면 그냥 게을러진 걸까 무기력한 느낌이 많이 들었다. 지금 생각해 보면 너무 바빴던 일과 육아로 번 아웃이 왔던 것 같다. 정신적으로 힘이 나지 않았다. 그러다 보니 살은 빠지기는커녕 더 불어갔다. 몸은 쉬고 있지만 가장 힘들었던 시간이었다.

또 한 번은 이런 말을 들었다. 아이가 저학년 때 알게 된 아이 친구 엄마가 한 번은 그랬다.

"왜 다이어트 안 해?"

순간 난 머리가 띵 했다. 심지어 그분은 내가 보기에 날씬한데도 다이어트를 하고 있었다. 반면 나는 다이어트가 아니라 야식으로 스트레스를 풀고 있었다. 그 말을 듣고 드는 생각은 그동안 정신없이 사느라 그리고 여러 다른 이유로 나의 소중한 습관을 잃어버리고 내가 내 자신을 돌보지 않았다는 것이다. 또 가족을 돌본다는 핑계로 내 자신을 바라보지 못했다. 어쩌면 더 중요하다고 생각하는 순위에서 밀렸던 것 같기도 하다. 하지만 그런 말도 나를 뛰게 하진 못했다. 오히려 그날 저녁 맥주 한잔을 더 먹게 했다.

어느 날 밤이었다. 밤에 자고 있는데 갑자기 가슴이 아프고 숨을 쉴 수가 없고 숨이 막히는 느낌에 헉하면서 잠이 깨어졌다. 깨고 나니 숨이 너무 차올랐다. 마치 달리기를 한 사람처럼 식은땀도 흘렸다. 그 순간 무서운 생각이 들었다. 이런 적은 처음이었는데 심장에 문제가 있나 할 정도로 뭔가 느낌이 안 좋았다. 순간 이런 생각이 들었다.

'내가 이러다 죽을 수도 있겠구나, 그럼 아이와 가족은 어떡하지...?'

눈이 번쩍 뜨였다. 이젠 내가 목숨이 위험할 수도 있다는 생각이 들었다. 며칠 후 집 앞 헬스장을 찾아가 무작정 PT를 하기로 하고 비용을 카드로 긁었다. 절대 저렴하진 않았지만 예전 후배가 다이어트 할 때 PT를 받으니 도움이 많이 되었다는 말이 기억났기 때문에 결제를 했다. 이대로 집에 있다간 죽을 것 같았다. 이젠 우선순위에 올려놓을 때가 온 것이다. 누가 챙겨서 일으켜줬으면 하는 맘도 있었다. 하지만 나를 일으킬 사람은 나인데 그걸 몰랐던 것 같다. 그렇게 아침 일찍 주 2회 PT를 받고 운동 안 하는 날에는 동네에서 달리기를 시작했다. 처음엔 발이 저려서 뛰다가 절뚝거리며 집으로 왔다. 너무 운동을 안 해서 다리가 저리는 날이 자주 있었다. 하지만 다음 날 다시 뛰었다. 그러면서 내가 어렸을 적부터 해오던 좋은 습관을 다시 찾았다. 그렇게 한 달, 두 달 하다 보니 6kg 감량이 되었고, 4년이 지난 지금은 최고 몸무게보다 14kg 감량에 성공했다. 이제 PT는 안하지만 달리기는 꾸준히 하고 있다. 몸이 조금 가벼워지니 마음도 왠지 긍정적으로 변했다. 몸무게가 감량이 되니 재미도 생기고 체력도 더 생겨서 일상에 활력이 생겼다. 그러면서 드는 생각이 있었다.

'내가 너무 나를 안 돌보고 있었구나, 나는 달리면서 스트레스를 풀던 사람인데 왜 다른 걸로 풀려고 했을까... 이제부터는 나를 돌보며 스트레스를 풀어보자.'

아직도 나는 다이어트 중이고, 운동하며 달리는 중이다. 근육운동도 하며 나를 끌어올리고 있다. 40대, 아직은 늦지 않았다. 내가 헬스장에 갔을 때 할머님들이 오전부터 운동을 하시는 모습을 보고 많이 부끄러웠다.

'나는 이제야 왔는데 60대가 넘어보이는 저분들은 저렇게 팔에 근육이 생길 정도로 오랜 시간 하시고 계셨구나.'

이제는 달리는 것에서 그치지 않고 여러 가지 시도해보며 운동을 더 가까이 하게 되었다. 40대가 되어서야 나를 챙겨야 한다는 것의 중요성을 깨달은 것이다. 운동은 몸도 건강하게 하지만 정신도 맑게 하고 삶에 의욕적으로 임하게 해주는 효과가 있었다. 운동을 해서 체력이 생기니 가족들을 더 잘 보살필 수도 있었다. 그동안은 무작정 가족들을 위해서 시간을 쓰기만 하면 되는 줄 알았다. 하지만 정작 나를 위한 시간은 쓰지 않았다. 이제는 나의 예전 모습으로 돌아가고 싶다. 나를 챙기는 그 습관들을 되찾아 다시 뛸 것이다. 그렇게 뛰다보면 나의 50세, 60, 70, 100세까지도 건강한 모습으로 살아갈 수 있을 것이다. 예전의 습관을 찾았으니 이제는 더 좋은 습관들을 만들며 살아가야겠다.

죽을 것 같지만 죽지 않는다

권정심

　백두대간 종주처럼 '계속 주기적으로 산행을 길게 하면 다이어트가 되겠지'라는 생각을 가지고 백두대간 종주를 시작하였으나 정작 살을 빼면 종주를 못할까 하는 두려움으로 다이어트를 못하게 되었다. 백두대간 종주를 끝내고 이제는 다이어트를 해야겠다고 생각을 했다.

　어린 시절부터 항상 날씬했던 나는 배가 나오고 살이 쪄서 다이어트를 고려할 거라고는 꿈에도 몰랐다. 밤 9시가 넘어도 치킨도 시켜 먹고 피자도 시켜 먹으면서도 날씬한 몸매를 계속 유지할 것이라 자만한 것이다. 옆집에 사는 아저씨가 "밤늦게 자주 음식을 시켜 먹으면 저러다가 살이 찌는데!" 라며 걱정하는 것을 염두에 두지 않았다. 술도 자주 먹게 되면서 체중이 계속 늘고 있었던 것이다.

　임신을 하고 살이 20kg정도 찌고 나서 아이를 분만하고 나면 살이 빠져야 하는데 원래의 몸매로 돌아오지 않았다. 첫째 낳고 5kg, 둘째 낳고 5kg, 이렇게 체중이 늘어 벌써 10kg이 증가한 상태였고 수유를 해야 하니 무엇인가를 또 많이 먹게 된 것이다. 수유가 끝나면 원래의 몸무게가 되어야 하는데 또 그렇지가 않았다.

　다이어트에 대해서 고민을 하고 있는데 영양교사가 다이어트에 성공하여 날씬해진 것을 보았다. 그 영양교사는 부천의 모 요가원을 소개하며 그 요가원에 다니면 다이어트 식단을 주고 원장이 관리를 해준다는 소식을 들었다. 그래서 그 요가원을 찾아가게 되었다.

요가원에 가서 등록을 하고 요가원을 다니는데 좀처럼 원장은 식단을 주지 않는다. 마음이 답답하지만 기다리기로 했다. 그리고 저녁마다 술을 마셨더니 남편이 "다이어트를 한다면서 저녁마다 술을 먹으면 어떡하느냐"고 묻는다. 나는 "원장님이 식단을 짜 주어야한다"라고 이야기했다. 그래서 최종 67kg까지 살이 찌게 되었다.

요가원을 하는 원장님 입장에서는 미리 일찍 식단을 주어서 살이 빠지면 요가원에 사람들이 나오지 않는다는 걸 알아서 회원들이 3개월 정도 요가원을 열심히 다니고 나면 식단을 주었던 것이다.

3개월이 지나고 인바디 측정 후 드디어 식단을 받았다. 아침은 사과 4분의 1개와 양배추 4분의 1로 자른 것 중 잎 두 장과, 두유 200ml를 넣고 갈아서 먹는 것이 아침이었다. 아침은 계속 변함이 없고, 한 끼에 감자 2개, 두부 한 모, 샐러드 이런 식으로 식단을 주다가 나중에는 한 끼에 감자 한 개, 두부 반 모, 밥은 잡곡밥 반 공기 정도 먹는데 일주일 식단 중에 밥은 한 끼 정도만 식단에 넣는다. 김치나 김밥은 절대 먹으면 안 되고 김치가 너무 먹고 싶으면 물에 담갔다가 먹으라고 한다. 저염 식단을 권하고 토요일, 일요일 많은 걸 먹었다고 예상하고 월요일은 대부분 물만 먹고 장 청소하는 차전차피 가루를 한 스푼 물에 섞어

먹도록 식단을 짜 주었다. 그리고 라또환을 구입하여 작은 주먹 정도 되는 양을 식 전, 후로 먹었다.

일주일 만에 3, 4kg이 빠졌고, 30일 정도 식단을 하니 57kg 이 되었다. 남편이 다이어트 잘했다고 100만 원을 주어서 요가원 다니는 회원들에게 수박 한 통과 체리 10kg을 한 턱 내기도 하였다. 요가원 원장은 그까짓 10kg 감량하고 한 턱 낸 사람은 나밖에 없다고 이야기하였다. 모두들 10kg 감량은 그렇게 어렵지 않다는 이야기이다.

77사이즈, 88사이즈였던 옷을 이제는 66으로 다 바꾸어야 한다. 너무 커서 어떤 바지는 바늘로 옆라인을 전부 꿰매기도 하고, 다시 66 사이즈 바지나 옷을 사기도 하였다. 백두대간을 같이 했던 친구들과 다시 다른 산행을 가기 위해 만나면 그 사람들이 종종 묻는다. "이 옷 대간 때 입었던 옷 아닌가요?" "네, 맞아요!"라고 대답하면 "그래! 그 때는 이러지 않았는데 옷이 많이 헐렁해졌군요!" 라고 이야기한다.

요가원에 요가가 좋아서 오는 사람도 있지만 3분의 2는 다이어트 때문에 요가원에 온다. 스스로 체중을 관리할 수가 없어서 원장에게 의지를 하는 것이다. 멀리 시흥으로 이사를 갔는데도 버스를 타고 이 요가원을 오는 사람도 있다. 그리고 이 요가원을 떠나지 못하고 계속 체중 때문에 오는 사람들이 많다. 원장이 식단을 잘 지켜서 몸무게를 잘 관리했다고 칭찬을 하며 한 주 식단을 짜 주었는데 그대로 하지 않고 기뻐서 무엇인가를 몰래 먹으면 원장은 다 알고 있다. 원장은 많은 사람을 긴 세월 계속 다이어트 식단을 짜서 주었기 때문에 이 식단을 받았으면 이 몸무게이어야 한다는 것을 다 알고 있는 것이다. 내 스스로 내가 식단을 지키지 못하고 원장에게 혼날까봐서 식단을 지키는 경우가 허다하였다. 식단을 아무리 주어도 살이 빠지지 않으면 원장이 화를 내기도 하고 야단도 치지만 그래도 체중이 줄지 않으면 그때는 식단을 중단한다. 식단을 지키지 않으니 식단을 짜 주는 것이 의미가 없기 때문인 것이다. 어떤 사람은 원장님의 심한 꾸지람과 심한 말에 모멸감이 들어서 식단과 요가원을 그만두기도 한다.

식단을 지키기 위해 먹고 싶은 걸 먹지 않고 식단대로 지키는 것도 결국은 나의 의지이자 인내를 필요로 한다. 백두대간을 종주하며 '저 산 넘으면 산행이 끝나겠지' 하고 가면 넘어야 할 산들이 또 펼쳐져 있곤 한 적이 한두 번이 아니다. 나중에는 '아! 오늘은 몇 km였으니 저 산을 넘어서도 한참을 가야 목표지점이 나오겠구나' 하고 생각을 하며 빨리 산행을 끝내고 싶다는 생각을 접는다. 매일매일 식단을 지키는 것도 계속 인내가 필요하다. 먹고 싶은 걸 먹지 않고 자제하기 또한 어려운 일이다. 맛없는 야채와 단백질 위주의 음식만 먹는 것도 고역이었다.

다이어트가 최고의 성형이라고 하지 않던가 살이 빠지면 얼굴선도 살고 미모가 조금 더 돋보인다. 그런데 나이가 들어서 살을 54kg까지 빼니 얼굴에 주름이 너무 많아서 나이 많이 먹은 할머니의 얼굴이 되어 있었다. 지금은 60kg을 사이에 두고 몸무게를 유지하기 위해서 노력을 한다. 이제는 다이어트하는 방법을 알았으니 음식을 먹고 싶어지는 마음만 다스리고 안먹던지 아니면, 다른 것으로 대체하여 먹으면서 먹고자 하는 마음을 다스려야 하는 끝없는 인내가 필요하다.

아리스토텔레스의 명언 중에 '인내는 쓰지만 그 열매는 달다'라는 말도 있고 성경 로마서 5장 3~4절은 '환란은 인내를, 인내는 연단을, 연단은 소망을 낳는다'라고 이야기한다. 성경 말씀은 믿음에 관한 내용이지만 우리의 일상생활에도 적용이 된다. 끝없는 인내는 결국 소망을 이루어준다. 삶을 살아가면서 소망이 이루어지는 것을 주위에서 많이 보았다. 소망을 이루기 위해서는 끝없는 인내와 연단이 필요한 것이다. 다이어트 식단을 지켜가며 몸무게를 유지하는 것 이러한 모든 것들이 인내가 없이는 이룰 수 없는 일이다.

Part 3

벽에 몸을 부딪는 계절

가짜 꿈, 진짜 꿈

이진아

"어릴 적부터 꿈이 공무원이었습니다."

면접 심사위원 앞에서 말했다. 나는 17년 전 11월, 정장을 입고 공무원 시험 면접장에서 두근대는 가슴을 눌러대고 있었다.

'꿈이었으면 좋겠다.' 도망가고 싶은 순간에 이 말을 읊조리며 살았다. 나에게는 17년 전 12월 공직에 첫 발을 들인 후 제발 꿈이었으면 하는 날들이 계속되었다. 꿈을 이루었지만 꿈이었으면 좋겠다는 아이러니한 상황이 펼쳐졌다. 수십 대 1의 경쟁률을 뚫고 합격했다는 희열, 사회적 평판이 후한 공무원 타이틀 획득, 4년간의 대학 공부가 헛되지 않은 취업 성공, 지루하고 막막했던 수험 기간에 대한 보상 등 '공무원 시험 합격'이라는 7개의 글자에 많은 의미를 부여했었다. 합격자 발표일, 스크린 속 "... 합격하였습니다." 라는 그토록 간절히 바라던 이 문장이 이름다운 동화 마지막 페이지의 대미를 장식하는 "... 오래오래 행복하게 살았습니다."처럼 내 인생도 행복하게 마무리 지어질거라 착각했다. 기쁨에 취해 합격이 종착점이 아니라 시련과 고난의 시작점이라는 것을 알지 못했다. 단지 준비 운동을 열심히 한 후 출발선을 통과해 줄지어 서 있는 허들 중 가장 앞에 있던 허들을 한 개 넘은 것뿐이었는데 말이다.

12월, 임명장을 받아 들고 6시 땡 퇴근을 당연하게 생각하며 의기양양 출근했지만 그곳은 내가 알던 꿈의 직장이 아니었다. 이상과 현실의 괴리감이 너무 컸다. 믿기지 않겠지만 단 10일 만에 나는 모멸감에 몸서리쳤고 자괴감에 생을 포기하고 싶었다. 사회복지는 "국민의 생활 향상과 사회 보장을 위한 사회 정책과 시설을 통틀어 이르는 말"이라고 사전에 명시되어 있다. 손에 잡히지 않는 사전의 뜻만큼이나 내가 실제 현장에서 만난 사회복지 업무의 범위는 너무 다양하고 방대했다. 출생부터 사망까지, 국민기초생활보장, 영유아 복지, 아동, 청소년, 노인복지, 장애인복지, 한부모가족, 주거복지, 사회서비스이용권… 단위 업무 하나에 기본적으로 따라붙는 세부 업무들은 일일이 열거할 수 없을 정도다. 게다가 주민의 접근성을 이유로 각 부처의 업무들을 깔때기에 통으로 쏟아붓듯이 부어댔고, 달랑 직원 2명이 처리하기에는 심히 과도한 업무량에 정신이 혼미했다. 일 처리를 할 수 있도록 차근차근 알려주는 교육시스템도 없었다. 오로지 사수의 입에만 의존해야 했지만, 사수는 말도 못 걸 만큼 바빠 나는 지침과 세부 사항을 공부할 틈 없이 민원에 시달렸다. 마치 계속 근무하고 있던 사람처럼 그들이 묻는 것은 다 알고 있어야 했다. 사회복지 업무의 전반적인 흐름을 파악하기도 전에 세세한 것들을 완벽히 숙지하고 있어야 했다. 아는 게 없다 보니 민원인에게 무시를 당했고 사수의 눈치를 보았다. 내가 업무를 지시해야 하는 보조 도우미들이 나를 만만하게 보고 내 흉을 보는지 귀를 쫑긋한 채 긴장의 나날을 보냈다. 내가 이렇게 미련하고 멍청했나 싶은 자괴감에 빠져 이렇게 살아서 뭐 하나 하는 생각까지 들었다. 업무가 힘들다는 유서를 남기고 생을 마감한 사회복지 공무원들의 소식이 보도되던 때였다. 나는 버티는 수밖에 없었다. 여기서 그만두면 다른 곳에 가서도 버텨내지 못할 거란 일념으로 모멸감을 참고 견디었다. 오기로 죽을 둥 살 둥 6개월이 지나 시보를 떼고 정식 9급 공무원이 되었다.

    1년 9개월이 지나 구청으로 두 번째 발령이 났다. 구청의 과 업무는 이것저것 잡다하게 쏟아지는 깔때기 현상은 없었고, 하나의 단위 업무를 전담하는 방식이었다. 첫 발령에서의 호된 신고식 탓에 이 정도는 해낼 수 있을 거라는 나에 대한 믿음이 있었다. 호기롭던 자존감은 본인보다 뒤에 발령받은 직원의 의견을 불신하여 그 직원을 앞에 세워두고 전임자에게 확인을 받는 일 처리 방식을 가진 팀장의 신뢰를 얻지 못했고, 바닥에 던져져 산산조각 났다. 비록 팀장보다 늦게 그 팀에 들어갔지만 '나도 조금만 기다려주면 잘할 수 있는데...' 소심하게 속으로만 울분을 토했다.

    입 밖으로 뱉지 못하고 속으로 삭인 소심한 반항은 썩은 피해의식이 되었다. 첫 발령지에서부터 누적되어 온 '나를 만만히 봐~?'가 버전 업그레이드되어 세상에는 내가 '복수할 사람'과 '그렇지 않은 사람' 두 부류로 나뉘었다. 가만히 있는 나를 사방에서 괴롭혔다. 시비를 걸고 욕을 하고 딴지를 걸었다. 예상치 못한 문제가 발생하는 것이 늘 무서웠고, 세상 사람들이 나를 해하려고 존재하는 것 같았다. 정신이 피폐해진 나는 사람 눈을 2초 이상 바라보고 대화를 나눌 수 없게 되어 사람을 피했다. 정신질환을 얻은 채 세 번째 발령지로 전보가 났다. 여기까지가 임용 5년 동안의 일이다.

그 후로 12년이 더 흐른 지금, 나는 자칭 반 타칭 반 친절하고 성격 좋고 긍정적인 마인드를 소유한 17년 차 사회복지직 공무원이다. 무엇이 나를 변하게 했을까? 어떻게 나를 변화시켰을까? 단박에 모든 걸 깨달아 한순간에 변할 수 있었던 것은 아니다. 조직이 변하기만을 기다릴 것이 아니라 나를 바꿔야 한다는 것을 깨닫고 하나하나씩 변화를 꾀했다. 근무 연차가 늘어날수록 내공이 쌓이고 맷집이 세진 비결이다.

첫 번째는 자신감 쌓기. "저는 신규니까", "이 업무 처음 하는 것이라 아무것도 모르니 나의 업무지만 당신이 알려줘야 해요.", "해결해 주세요." 라며 무지를 합리화하며 상대에게 나의 권한을 넘겼던 나였다. 일 앞에 주눅 들지 않고 당당해지기 위해 지침을 항시 옆에 끼고 스스로 공부하는 자세를 익혀 의존 습성을 버리고 자신감을 키웠다.

두 번째는 능동적·긍정적으로 일하기. 끌려가는 것이 아니라 부딪쳐보기로 했다. '시도해서 되면 좋은 거고 안되면 시도해 봤으니 경험이다'라는 마인드로 우선은 두드려보기로 했다. 안될 이유가 아니라 되는 이유를 찾아 접근했다. 긍정은 항상 부정을 이긴다는 자세로 힘들고 짜증 나는 상황에서 '짜증 나 미치겠네' 대신 '재미있네'로 관점을 틀어 표현하기 시작했다.

세 번째는 배려하는 마음. 나는 앵무새처럼 같은 말을 백번 해도 민원인은 늘 처음이다. 나에게는 백 번, 천 번이 넘는 비슷한 어려움의 사연이지만 그들에게는 세상 유일한 자신만의 사연이었다. 이 사실은 역지사지, 측은지심과 함께 "아, 그러셨군요." 라는 말로 시너지를 발휘하며 나를 친절하게 만들어줬다.

네 번째는 나를 바로 세우기. 나는 복수극의 주인공이 되어 경직된 근무 환경, 악덕한 직원들 사이에서 일하는 억울한 피해자가 되어 세상을 탓하고 있었다. 나에겐 관대하고 남에겐 엄격을 요구하는 기울어진 잣대를 드는 것이 혼자 만들어 낸 피해의식이란 걸 인지하고 남을 탓하는 행위를 그만두었다. 옆에 있는 사람, 인연의 소중함을 모른 채 주의 사람을 함부로 대하면 공기의 흐름만으로도 힘든 하루가 된다. 하루의 에너지는 서로 연결되어 있기에 좋은 기운이든 나쁜 기운이든 다시 나에게 돌아온다.

진귀한 깨달음들을 얻은 후 이제 더 이상 꿈이었으면 좋겠다는 말을 되뇌지 않는다. 또한 시간이 흐르고 보니 17년 전의 "꿈이 공무원입니다."라는 말이 이치에 맞지 않는다는 것을 알게 되었다. 그때의 그 꿈은 하나의 직업이다. 가짜 꿈을 꾸었던 거다. 직업인 사회복지 공무원을 통해 사회를 위해 어려운 이웃을 위해 미약하게나마 내가 할 수 있는 일을 하는 것, 사는 것에 지친 누군가가 공공의 영역에서 내 손길을 받아 인생의 어두운 터널을 빠져나갈 빛을 발견하게 하는 것, 부여받은 사명과 소명 의식의 무게를 감내하며 나만 행복한 것이 아닌 나도 당신도 더불어 행복하게 사는 것, 이것이 진짜 꿈이다.

입사 두 달만에 맞은 해고 위기

김지원

"앞으로 한 달만 더 지켜보겠어요. 한 달 안에 달라진 모습을 볼 수 없다면… 더이상 지원씨와 같이 일할 수 없겠어요."

25세. 운좋게 한 광고회사 입사에 성공하고 수습기간을 거치는 중이었다. 두 달간의 내 회사생활을 지켜본 부사장은 어느 날 나를 임원실로 불러 최후통첩을 던졌다. 이제 갓 대학교를 졸업하고 원하던 광고업계에 발을 들여놓은 나는 두 달 간 '내가 얼마나 실력이 없는지'를 보여주는 중이었다. 면접 때 나름대로 기지를 발휘하여 뽑혔지만, 실무경험도 없고 광고일에 대한 이해도가 현저히 낮았던 상태였다. 결혼이 현실인 것처럼 광고도 현실이었는데, 당시의 나는 업무의 핀트도 못맞추고 엉뚱한 아이디어만 내고 있었다.

매일 구박 받고, 울며 퇴근하고, 내일이 오는 걸 무서워하며 잠이 들고… 이 순환이 반복되었다. 아이디어 회의 때는 또 직원들 앞에서 망신당할까봐 벌벌 떨고, 회의가 끝나면 '내가 이렇게 바보였나?'라는 자괴감으로 괴로웠다.

그러다 부사장의 '해고 경고'를 들었던 그 날, 여린 줄만 알았던 나의 내면이 꿈틀거렸다. 그런 위기 앞에선 쉽게 놔버리고 싶은 마음이

들 줄 알았는데, 그렇지 않았다. 'XX 날 뭘로보고? 그래, 한번 보여줄게.'하는 이상한 오기가 생겼다. 두 가지 큰 이유가 작용하여 절대 해고되지 않겠다는 생각을 강화시켰다.

첫 번째 이유는 '이대로 허무하게 끝낼 수는 없다'였다. 광고를 좋아해서 광고 공모전에도 도전하고, 도서관에서 광고 관련 서적들을 뒤적거리던 나, 광고수업 듣는 친구의 과제를 재밌다며 가져와 마치 내 과제인 양 해주던 나였다. 광고회사 취업 준비에 몇 달을 매달려 드디어 꿈이었던 AE(광고기획자)가 된 나였다. 어떻게 이룬 꿈인데 이렇게 내쳐질 수는 없었다. 여기서 좌절한다면 앞으로 뭐든 다 중도포기하는 인간이 될 것 같았다.

두 번째 이유는 '광고비전공자들의 희망을 꺾을 순 없다'는 것이었다. 나는 광고 비전공자였지만 광고에 대한 열정과 다양한 경험들, 발표 실력 등이 잘 어필되어 채용된 케이스였다. 그런데 여기서 내가 해고되고나면 회사의 임원들이 '괜히 광고 비전공자를 뽑았다가 이렇게 되었다'고 생각하여 앞으로 비전공자 후배들을 배제할까봐 무서웠다. 광고인을 꿈꾸는 친구들의 기회를 내가 뺏는 것만 같았다. 지금 생각하면 뭐 그렇게까지 깊게 생각했나 싶지만. 어쨌든 이 두 가지 이유가 나를 강력하게 자극하여, 그 날 완전히 새로운 마음을 먹게 되었다.

그 회사의 특징은 야근을 시키지 않는 대신 퇴근 후 해야 할 일을 종종 던져주는 것이었다. 지금 시대에는 노동청 신고감인데, 그때는 내가 실력이 없는 상태였기에 이것저것 따질 형편이 아니었다. 부사장은 분명히 "퇴근하면서 그냥 가볍게 이것저것 아이디어 생각해봐"라고 말하지만, 정말로 가볍게 준비했다가는 큰일나는 이상한 문화였다. 직원들은 정성스럽게 PPT를 만들어 아이디어 발표를 했다. 그것은 꽤나 시간과 노력이 드는 일이었다. 회사 출근해서 하는 일도 벅찬데 그것까지 하려니 너무 힘들어서 나는 늘 '어느 정도 적당히' 해두고 잠들기 일쑤였는데, 그렇게 준비한 아이디어들은 회의에서 처참하게 깨지곤 했다.

가만히 생각을 해봤다. '나 정도 실력을 가진 사람이 과연 그렇게 일해도 되는가'. 선배들은 그래도 됐었다. 광고밥을 몇년 씩 먹은 사람들이었기에 두세 시간 정도 일해서 와도 다음날 밥값하는 아이디어를 발표했다. 그런데, 문제는 소위 '짬바' 없는 나도 그들과 똑같이 하고 있다는 것이었다. 선배들의 발끝만큼이라도 따라가려면 나는 그들보다 더 많은 시간을 쏟아야 한다는 결론에 이르렀다. 내가 일을 잘하게 될 수 있는 방법은 너무나도 명확했다. '더 많은 시간과 노력을 쏟아야 한다'는 것. 그래서 내가 생각한 방안은 엄청나게 단순하고 또 무식했다. '선배들이 일하는 시간의 두 배씩 일하겠다'는 것이었다. 선배들이 하나의 과제에 대해 3시간 동안 아이데이션을 한다면 나는 그의 두배인 6시간을 하고, 그들이 5시간을 아이데이션 한다면 나는 10시간을 하겠다'는 거였다. 좀 묵직한 과제라면 사실상 밤을 새고 출근해야 하는 계획이었다. 그리고 그때부터 나는 정말 그렇게 하기 시작했다. 그런데 별로 피곤한 줄을 몰랐다. 위기의식을 느끼자 잠이 달아나버렸다. 살아

남아야한다, 인정받아야한다는 생각이 피로를 이겨버렸다.

당연히 첫 날부터 성과가 나오지는 않았다. 하지만 거의 매일 밤새 다시피 아이디어를 짜기 시작하자 일주일도 안되어서 성과가 나오기 시작했다. 집에 혼자 앉아서 동이 틀때까지 생각하고 더 깊이 파고들고 아이디어를 내다보니, 어느 순간부터는 내가 봐도 괜찮은 아이디어들이 조금씩 나왔다. 회의에서도 아이디어들이 인정받기 시작했다. 내가 세운 무식한 전략 덕분에, 남은 한 달 안에 눈부신 성장을 이뤄낼 수 있었다. 그렇게 윗사람들에게 인정받게 되었고, 그 뒤로는 생각도 못했던 초고속 승진도 하며 쭉쭉 성장해나갈 수 있었다.

이때의 시간이 내게는 평생 잊지못할 경험인데, 나는 이 경험을 통해 두 가지를 배웠다. 먼저, '뾰족한 수가 떠오르지 않을 때는 무식하게 오래 생각하는 것도 방법'이라는 것. 묵묵하게 공부하고 일하는 것만큼의 왕도는 사실 없다. 정말 별 거 아닌, 누구나 아는 단순한 진리인데 그 분명한 사실을 위기가 오기 전까지는 인정하지 않았던 것 같다. 커다란 위기의식이 명징한 진리를 떠오르게 하였고, 행동하게 만들었던 것이다. 두 번째로는, '앞으로 내가 어떤 일을 하더라도, 막히면 뚜벅뚜벅 걸어나가 정면돌파 하면된다'는 자신감을 얻었다. 힘들 때 인간은 본능적으로 요령이나 지름길을 찾게 되는 것 같다. 하지만 정면돌파 하는 것만큼 분명한 해결책은 없다는 생각이 든다.

첫 직장에서 겪은 이 고통스러운 해고위기는 나에게 세상의 어려움을 이기는 지혜를 알려주었다. 어쩌면 내 인생의 각도가 이 때 바뀌었을지도 모른다. 이 경험으로 배운 지혜는 아직도 유효하여 여전히 나를 성장하게 해주는 동력이다. 인간이기에 내게 닥쳐오는 위기들이 두렵지만, 그럼에도 똑바로 응시할 수 있는 용기는 있다.

첫 회사의 부사장은 아직도 내 꿈에 종종 등장하여 나를 괴롭힌다. 아직까지도 기분 좋게 그 회사를 떠올리기는 사실 힘들다. 하지만 혹독한 상황을 나에게 던져주었기에, '깡으로 똘똘뭉친 나'라는 자아가 튀어나올 수 있었다. 그런 면에서는 참 감사한 시련이다.

첫 직장... 참는 게 다는 아니었다

이복선

"수 선생님, 저 다음 달까지만 하려고 합니다."

첫 직장에서 근무한지 2년 5개월쯤 되었을 때였다. 5월의 날씨는 너무나 화창했다. 곧 휴가철이지만 그래서 사직서를 낸 건 아니다. 체력적인 한계를 느끼기도 했고, 이직을 가장 많이 한다는 3년차였기 때문이었는지도 모르겠다. 내가 일한 병원이 아닌 다른 분야의 병원으로 가고 싶기도 했지만 사실은 몸이 지쳐서 더 이상은 근무할 자신이 없었다.

신규간호사로 정형외과 병동에서 근무를 시작했다. 나와 동기도 있었고 학교 선배선생님들도 있어서 의지가 되기도 했었다. 신규간호사는 일단 데이 근무를 많이 한다. 오전근무 때에 수술이나 검사가 많기에 배울 것도 많기 때문이다. 일단 아침 근무시간 인계를 해야 한다. 전날 나이트 근무자들이 데이 근무자들에게 환자들의 전날 검사와 결과, 그리고 당일 오전 수술일정과 환자 상태 등을 포함 환자 한 명 한 명 모두 인계를 시작한다. 지금 생각해 보면 그 많은 환자들을 어떻게 케어 했는지 모르겠다. 그냥 앉아있는 시간은 없었던 것 같다. 하루 종일 종종걸음으로 병실을 들어갔다 나왔다 하고 수술환자들을 케어하고 주사처치 하고 그러다 보면 근무시간이 금세 지나있었다. 밥을 허겁

지겁 먹고 올라오면 이 닦고 커피 한 잔 하기도 바쁘게 뛰어 다녔다.

　　나이트 근무 때였다. 그날은 유난히 피곤해서 잠이 쏟아졌지만 해야 할 일들이 많았기에 졸린 눈을 부비며 나이트 근무를 하다 한두 시간 정도 시간이 나서 앉아서 쉬고 있었다. 꾸벅꾸벅 졸고 있는 나에게 연차가 있는 선생님은 눈을 조금 붙이라고 하셨다. 나는 그 말을 듣자마자 쏟아지는 졸음에 엎드릴 수 밖에 없었다. 얼마나 지났을까 저쪽 병동 복도에서 무언가 다가오는 느낌이 들어서 몸을 일으키려고 했는데 움직이질 않았다. 처음엔 당황스러웠지만 조금 지나자 침착해졌다. 순간 몸에 힘을 빼자 일으킬 수 있었다. 잠깐의 상황이었지만 가위눌림을 경험했던 것이다. 몸이 너무 피곤하고 긴장해서 그랬던 것 같았다.

　　그렇게 1년 정도 근무했을 때 였다. 어느 날 수간호사 선생님이 나에게 진지하게 물으셨다. 중환자실 T.O가 나왔는데 내가 로테이션이 될 것 같다고 말이다. 그 말을 듣는 순간 '내가 가끔 지각해서 그런가.,, 다른 중대한 실수를 한적은 없었는데…' 하는 생각이 들었다. 하지만 내 걱정과는 다르게 수선생님은 "선생님이 신규지만 잘 적응했고 또 거기 가서도 일을 잘 할것 같아서 추천한거에요, 병동도 좋지만 특수 파트에 가서 배우면 훨씬 도움이 되니 너무 걱정 말아요." 라고 말씀하셨다. 낯선 곳에서 다시 일해야 한다는 것도 부담이었지만 첫 병동에서 친해진 선생님들과 헤어진다는 게 더 아쉬웠다. 거의 확정으로 가야하는 상황에서 선배들은 나에게 병동은 네가 일해 봤으니 중환자실에 갈 수 있는 것도 좋은 기회가 될 거라고 조언을 해주셨다. 아쉽지만 갈 수

밖에 없었다.

그렇게 중환자실에서의 근무가 또 시작이 되었다. 조금 더 위중한 환자들이 많았지만 50베드가 넘는 병동에 비해 중환자실은 베드수가 훨씬 적었다. 그래서 일하기에는 또 나쁘지가 않았다. 그렇게 또 새로운 환경에서의 적응을 해갔다. 와서 일해 보니 수 선생님이 너무 좋았고 같이 근무하는 선생님들도 전 병동만큼 다 좋았다. 내가 막무가내로 싫다 했으면 어쩌면 병동에 남아있을 수도 있었겠지만 난 수 선생님 제의에 동의해서 중환자실에 근무하게 된 게 잘 되었다고 생각했다. 전 병동 선배들도 걱정이 되어서 나에게 안부를 물어주셨다. 그때마다 나는 잘 지내고 있다고 대답할 수 있었다.

하지만 근무 일수가 늘어날수록 힘든 상황은 정말 상상을 초월했다. 하루는 병동에서 무릎 수술을 한 환자였는데 수술 후 변비가 심하게 와서 관장을 원해 의사에게 보고 후 처방대로 글리세린 관장을 시행했다고 한다. 그런데 시행 후 갑자기 쇼크가 와서 심장정지가 온 것이다. 관장을 하다 글리세린 액이 나온 상태로 중환자실에 침대 채로 실려 왔는데 그때 중환자실의 중요성과 어려움을 더 느낄 수 있었다. 보호자들의 울음소리에 흔들리지 말고 우리는 의사선생님의 처치에 집중하며 일을 할 수밖에 없었다. 결국 그 분은 돌아가셨지만 그럴 때마다 병원에서 일할 때 멘탈 관리가 얼마나 중요한지 느끼기도 했다. 너무 아무렇지 않아도 안 되고 그렇다고 너무 감정에 휩쓸리면 안 된다. 울고 있는 보호자들에게 절차를 설명해야 한다. 당황하지 말아야 한다. 환자를 살려야 하는 의사 선생님의 오더를 시행하며 절대 실수를 해서는 안 된다. 이런 상황들이나 임종을 여러 번 보게 되는 중환자실 근무였다. 긴장감이 최고로 올라 그 스트레스가 심했지만 또 많은 걸 배우게 되기도 했었다. 그렇게 1년 6개월 가까이 근무를 하고는 사직을 결심하게 된 것이다. 사실은 더 일찍 퇴사를 하고 싶었지만 세심하게 가르쳐주시고 어떤 상황에도 너무 잘 대처하시는 수 선생님을 보면서 참 많이 배웠고 그래서 더 잘 근무할 수가 있었다. 하지만 난 너무 고된 업무로 비염과 이명이 생겼다. 월급도 내가 생각하기엔 좀 적다는 생각이 들었다. 그리고 다른 분야의 전문병원에서 일하고 싶었다. 그래서 수 선생님께 편지를 써서 같이 근무를 하지 못하게 되는 죄송스런 마음을 표현하고 싶었다. 그리고는 3개월을 쉬었다. 한 달에 10일 가까이 되는 나이트 근무에 항상 긴장을 놓지 못하는 근무를 해서 그런지 그 3개월은 거의 집밖을 나가지 못하고 쉬기만 했다.

푹 쉬고 다시 들어간 병원은 양, 한방병원 이었다. 규모가 꽤 큰 병원이었고 한방 수련의들도 있는 병원이라 좀 더 체계적이었다. 처음에 근무를 시작하고는 정말 깜짝 놀랐다. 전 병원에서는 하루 주사처치가 40~50개는 되는데 여기는 5개미만의 처치만 있었다. 처치 대를 보고 어찌나 놀랬는지 아무리 분야가 다르다지만 정말 너무 다르긴 했다. 일단 새로 온 병원은 수술환자가 없었기도 했지만 양방보다는 한방 중심병원이었기 때문에 수액이나 항생제 처치는 거의 없었다. 일의 양도 그렇지만 급여도 여기가 더 많았다. 충격이었다. 단순히 참는다고 다가 아니라는 걸 이직을 하고 깨달았다. 이곳은 급성기 병원도 아니기에 입종이나 급박한 상황은 잘 일어나지 않았다. 그래서인지 여기서 근무하는 간호사들은 다 여유가 있었다. 긴장감에 사로잡혀 예민한 모습은 거의 보이지 않았다. 새로 이직한 한방병원에서의 업무 강도는 내가 이전에 경험했던 것에 비해 훨씬 덜 힘들었다. 그렇기에 여기서 신규때부터 일했던 간호사들이 이런 저런 불만과 일이 힘들다는 고충을 말할 때마다 전혀 공감이 되지 않았다. 전 병원에서의 고된 상황과 업무들이 나의 한계치와 일의 능력을 한껏 올린 느낌이었다. 내가 만약 여기서만 근무했다면 나도 그들과 똑같이 불만을 토로하고 있을지도 모른다. 하지만 그들이 부럽기도 했다. 첫 병원이 나에게는 정말 힘들었던 그래서 나를 단련시킨 병원이었지만 그만큼 고생도 했기 때문이다. 나도 첫 직장이 양, 한방병원이였다면 고된 업무로 인해 생긴 비염과 이명은 없지 않았을까...

내가 한계에 부딪혔을 때 했던 이직의 결단은 옳았다고 생각한다. 평소 참는 게 미덕이라고 생각하던 사람이라 버티려고만 노력했었는데, 막상 이직을 하고 보니 이직하길 잘 했다는 생각이 들었다. 그럼에도 불구하고 첫 직장의 경험들은 내게 어느 병원을 취직하든 적응할 수 있는 버팀목이 되어주고 있다고 생각한다. 젊었을 때 고생은 사서도 한다는 말이 있듯이, 신규 시절 아무것도 모르고 체력만 좋을 때에 경험하지 못했다면 지금은 절대 할 수 없는 경험인 것이다. 이 경험을 바탕으로 참아야 할 때와, 참는 것이 다가 아닌 때를 잘 구별하며 살아가고 있다.

30대를 스치면서

김시남

5월의 햇살이 따사롭다. 교정에도 어김없이 푸르름이 짙어가고 운동장에서 아스라이 들려오는 아이들의 재잘대는 소리가 감미롭다. 창밖을 내다보고 앉은 4층 교실 안 나의 책상 위에는 무거운 민법총론 서적이 펼쳐져 있다. 손에는 연필이 둔탁하게 그 무게를 더하고 있다. 가깝지만 멀게 느껴지는 교탁 위엔 다양한 선물꾸러미와 카네이션 꽃다발이 동산을 만들고 있다. 꽃들은 내게 미소를 보내며 안아주기를 원하고 있다. 현재의 나와 내가 꿈꾸는 미래가 그 꽃다발 사이에서 나풀거린다. 최선을 다하지 못했으면서 받은 꽃다발에 심한 자괴감이 꽂힌다. 선물과 꽃다발을 선뜻 교무실 내 책상으로 가지고 가지 못하는 마음. 심난했다.

교사로 근무한 이래 세 번째 맞이하는 스승의 날. 30대에 갓 접어든 나이에 지난 2년의 교직생활을 되돌아보았다. 교사로 부임하는 첫날부터 지각을 했다. 일찍 서둘렀는데도 급하게 잡아 탄 택시기사가 같은 학교명을 가진 정 반대편 초등학교에 내려 준 탓이었다. 택시기사의 잘못이 아니라 정확하게 알려주지 못한 자신의 탓이 더 컸음이리라. 허겁지겁 뛰어 들어간 교무실에서는 이미 직원회의가 시작되었다. 조용하고 무거운 느낌이 들었다. 노크와 동시 문을 열고 들어가 교감선생님 곁에 점잖게 앉아있는 교장선생님에게 정중하게 인사하고 옆자리에 앉았다. 곧이어 신입교사 소개가 있었는데 내가 교장선생님이라 생각했던 사람은 유감스럽게도 나보다 세 살 아래 신입교사였다. 그도 그럴 것이 그 선생임은 주변머리만 있고 가운데 머리카락이 하나도 없는 대머리 교사였으니 내 눈엔 엄청 나이가 들어 보여 교장선생님으로 착각했던 것이다. 훗날 모든 교사들을 웃게 만드는 에피소드를 안겼다. 그렇게 깍듯이 90도 각도의 인사를 했으니…

이렇게 출발한 교직생활은 외부적으로 안정감을 보이기 충분했으나 내면적으로는 갈등의 연속이었다. 정신적 혼란에서 오는 피로감의 가중으로 갈팡질팡 거렸다. 아직도 자신이 갈망하는 직업을 택하지 못하고 있었고 그것을 위해 이중적 생활을 해야 하는 고통이 수반되었다. 가르치는 교과가 사회라서 들고 다니는 법학서적이 그리 낯설어 보이지는 않았다. 하지만 중학교 수준의 아이들을 지도하는 참고자료로 보이지는 않아서 두꺼운 법학서적 모두를 책갈피로 포장하여 제목을 감춰 가지고 다녔다. 중학생을 가르치는 수업준비는 많은 시간을 요하지 않았지만 담임교사와 학생부 소속 교사로서 생활지도업무는 내게 많은 이중적 피로감을 안겨주었다. 분주하게 움직이면서 교과지도와 학교의 일상적 업무를 수행하였고 빈 시간이나 방과 후 시간은 오롯이 내가 목표로 삼는 사법고시를 위해 고군분투했다. 지난 2년 동안 학교와 가정에서 보내는 시간을 효율적으로 할애하여 수업이 없는 시간과 퇴근 후 지역도서관을 이용해 사법고시를 준비했다. 능률이 오르는 공부는 되지 못하였고 계획된 진도도 채우지 못했다. 밀린 진도로 중압감만 커져가고 현재의 교사라는 위치와 실질적 목표 사이의 괴리는 심한 스트레스를 안겨주었다.

아픔이고 고통이었다. 미래의 직업을 추구하면서 현재 교육현장에서 다양한 문제들을 해결해야 한다는 이중적 혼란스러움이 내게 심한 30대 성장통을 안겨주었다. 성장과정의 다양한 배경들이 나를 법학 관련 직업에 관심을 가지게 했다. 또한 부모의 은근한 진로선택 압박과 주위의 막연한 부추김이 법대 진학을 꿈꾸게 했다. 법대 진학에 실패했지만 판·검사의 미련은 버리지 못했다. 그래서 직업 가운데 자신의 의지만 있다면 가장 널널하게 고시공부를 할 수 있다는 섣부른 판단으로 지금의 교사를 선택했다. 막상 적응해 보니 쉽지 않은 상황에 많이 직면하게 되었다. 고시공부를 시작한 지 3년이 흘렀다. 그러나 이중적 생활에서 둘 중 어느 하나를 특별하게 만족시키지 못했다. 정신적 갈등과 방황만 증폭되었고 오히려 현재 내가 처한 교사로서 역할에 더 많은 시간과 에너지를 쏟아붓고 있었다. 현재의 가치와 미래가치를 꿈꾸는 상황에서 미래가치에 더 많은 가중치를 부여하고자 욕심을 부렸다. 그런데 묘하게도 교사로서 얻는 보람과 사명감이 더 크겠다는 느낌이 크게 밀려들었다.

교실 앞문에서 노크소리가 들렸다. 문이 열리면서 우리 반 아이와 어머니가 들어온다. 스승의 날에 감사한 마음을 전하고자 찾아왔다. 지금껏 한 번도 그런 경우가 없었는데 아이가 학교 가는 것을 즐거워하고, 가고 싶어 하기에 어머니 입장에서 기분 좋은 느낌으로써의 방문이라고 하셨다. 운동장에서 아이들 떠드는 소리가 간간이 들려오지만 오전 행사가 다 끝나고 학생들이 하교한 후여서 조용한 시간이었다. 어머니는 눈물을 글썽이며 아이의 성장과정과 아버지가 부재한 가정 상황을 이야기하셨다.

이 아이는 왜소하고 소극적이며 내성적인 아이였다. 약간의 미소를 띄는 모습이 그저 귀엽게만 느껴졌다. 친하게 지내는 친구도 없었다. 게다가 심한 아토피를 앓고 있었다. 점진적으로 그 아이의 몸 상태를 살펴보면서 이렇게 심한 경우를 처음 접했고 매우 안쓰럽게 여겨졌으며 불쌍하기만 했다. 목과 등에는 피가 흐르고 항상 피딱지가 붙어있었다. 왜 착하기만 한 이 아이에게 이런 고통이 주어진 것인지 야속하다는 생각을 하며 그 아이를 보살폈다. 아이가 겪는 아토피가 그와 가족을 많이 힘들게 했음이 틀림없었다. 어머니는 어려운 형편에도 할 수 있는 모든 방법을 써서 치료해 보려고 노력했으나 쉽게 좋아지지 않는다고 했다.

우리 학급 모든 아이들의 특성과 상황이 파악되자 많은 고민이 밀려왔다. '과연 교사란 무엇인가?', '교사가 교육현장에서 수행하는 일이 왜 중요한가?'를 스스로 자문자답하면서 나의 미래가치는 심하게 흔들렸다. 교사가 아이들의 성장단계에서 부모 이상으로 너무나 중요한 역할임이 분명하게 자각되었다. 그 후 난 특별하게 그 아이에게 많은 관심을 보였고 그 아이가 편하게 학교생활을 할 수 있도록 세심한 주의를 기울였다. 얼굴과 전신에 긁어서 생긴 상처투성이, 아니 피투성이란 표현이 합당할 것 같다. 이런 몸으로 학교생활이 정상적으로 이루어질 수 없다는 판단이 서자 각 교과 선생님에게 알려 배려를 해줄 수 있도록 부탁드렸다. 그리고 체육시간에는 교실에 남아 책을 보도록 했다. 그 당시 '주번'은 체육복으로 탈복하고 난 급우들의 교복과 소지품을 지키는 역할을 했다. 그 역할을 이 학생에게 전담 시켰다. 그리고 내 수업시간과 겹치지 않으면 수시로 그 아이가 소외되지 않도록 심리적 상담차원에서 교실로 올라가 많은 대화를 나누었다. 교사로서 할 수 있는 최선을 다했다. 한 아이가 학교에서 행복할 수 있어야 하는 것은 어쩌면 당연한 권리로 느껴졌다. 그리고 교사는 모름지기 그 보조자, 협조자로서 당연한 역할을 할 수 있어야 함이리라. 아이들을 가르치고 이끌면서 나의 내적 성장도 함께 이루어질 수 있어 흐뭇함을 느꼈다. 과연 내 행동이 그렇게까지 모자의 눈물과 감동이 될 수 있었던 것인가를 반문해 보면서 교실 창문을 닫았다. 그리고 마음속으로 기도했다. 이 아이가 아픔을 극복하고 치료도 잘 되어 다른 학생들과 똑같이 고등학교에 진학하고 원하는 길을 향해 정상적으로 성장해나갈 수 있기를... 나의 미약한 힘이 더해져 한 아이의 성장에 제발 보탬이 되길...

아이 하나가 결국 나의 직업적 가치관을 흔들어 놓았다. 사법고시에 합격하여 법관이 되는 것과 현재의 교육자의 길을 놓고 갈등을 하게 만들었다. 인생의 가치로움과 보람, 사회적 가치와 경제적 상관관계 등 여러 가지 면에서 비교하며 저울질 해보는 기회를 제공했다. 보장된 길에서 최선을 다 할 것인가, 아니면 미래의 불확실한 목표에로의 도전을 어설프게 계속해 갈 것인가를 고민하게 만들었다. 불현듯 리처드 도킨스가 말한 '이기적 유전자'라는 개념이 머리를 스친다. 근본적으로 인간이 이기적이기는 하나 이타성이 끼어들 여지를 만들어 궁극적으로 인간 사랑이라는 교육적 가치를 얻어내는 것도 나쁘지 않다는 생각이 들었다. 다른 한편을 버리고 현재에 충실하자는 욕구가 치밀어 올랐다. 기쁜 마음으로 돌아가는 모자의 뒷모습을 복도에서 한참 지켜보는 내 모습에 햇볕에 말라가고 있는 민법과 형법 서적이 내게 조소를 보내고 있었다.

선택은 끝났다. 잘한 선택이었다고 자부하며 자신에게 당당해졌다. 홀가분한 마음으로 교탁에 놓인 꽃다발을 가슴에 가득 안고 기운차게 교무실 문을 열었다. 선생님들이 이구동성으로 "꽃가게에서 꽃다발 사 오느라고 늦었느냐", "트럭을 보내줄 걸 그랬다"며 비아냥댔지만 전혀 기분이 나쁘지 않았다.

그랬다. 난 30대 초반 인생의 선택적 방황에서 한쪽을 과감하게 포기하고 멋있는 교사로서 길을 선택했다. 그리고 모든 것이 달라졌다. 로버트 프로스트의 '가지 않은 길' 한 구절 '내가 선택된 이 길 때문에 나의 모든 것이 달라졌다'처럼.

난 이 길에서 숭고한 인간의 가치를 찾고 아이들을 위해 헌신하는 교사가 되리라 다짐했다. 가지 않은 길에 미련은 두지 않고 지금 현재를 위해 행동하겠다고. 교육자로서 원대한 목표를 위해 끊임없이 성취하고 모순을 이겨내어 승리자로서 길을 가야겠다고. 갈등과 방황 속에서 피어난 나의 각오는 최선을 다한 후 받는 행복한 꽃다발로 변했다.

다음 날 아침 출근길, 교문은 처음으로 생기를 띠며 나를 반기는 듯 했다. 내가 서있는 이 교육의 터전에 대한민국 인재를 양성해 내는 거탑이 세워지도록 단단한 디딤돌 역할을 해야겠다는 희망으로 발걸음도 가벼워졌다.

진정 내가 좋아하고 해 보고 싶은 일에 대해 고민과 갈등이 없는 사람은 없을 것이다. 이것을 해결했던 시기가 30대를 넘기지 않았음을 다행으로 여긴다. 빅터 프랭클의 말을 떠올려 본다.

"자극과 반응 사이에는 공간이 존재한다. 그 공간에 선택과 힘이 들어있다."

선택과 힘을 얻었던 30대 내 삶에 진한 향기를 담아본다. 책장에 꽂혀있는 빛바랜 법학서적들이 박수를 친다. 당당하게 아이들과 하이파이브를 할 수 있어 행복하다. 내년 스승의 날이 기다려진다. 꽃다발 속에 묻히고 싶다.

컴플레인의 반전

김지원

    30세에 결혼을 한 나는 32세에 아이를 낳고 한동안 전업주부로 지냈다. 일을 하고 싶은 마음도 있었지만, 아기가 너무 어릴 때는 온전히 아이에게 집중하는 시간을 가지는 것도 필요하다고 생각했다. 남편은 회계 일을 하는데, 하는 일 중에는 외국에서 한국으로 진출하는 기업들의 법인 설립 등을 도와주는 일도 있었다. 어느 날, 남편이 퇴근하자마자 뜬금없이 한 외국계 기업에 대한 이야기를 했다. 들어보니 어떤 외국기업이 한국지사를 설립하려 하는데, 외국인 한국지사장은 있고, 그와 함께 일할 한국직원을 한 명 뽑으려 한다는 이야기였다. 콘텐츠 기업이고, 추리게임을 만들어 기업교육으로써 제공하는 일을 하는 회사였다. 이 콘텐츠를 한국에 뿌리내리게 하는 일을 할 사람이 필요했는데, 듣자마자 내가 잘할 수 있는 일이라는 생각이 들었다. 그리하여 어찌저찌 내게도 면접 기회가 주어진 것이다. 당시는 코로나 시대였고, 풀타임 비대면으로 일할 사람을 구한다고 했다. 비대면인 것은 좋았으나, 아기가 너무 어려 풀타임으로 일하는 것은 불가했다.

    그래서 사실상 면접을 보면서도 '당연히 떨어지겠지'라고 생각했다. "나는 풀타임으로는 일을 못하고 주 14시간밖에 하지 못한다. 하지만 월급은 풀타임 월급으로 달라. 대신 내가 내는 결과물에 대해서는 만족할 것이다." 라며 배짱 면접을 봤다. 어차피 떨어져도 내 주업무는 육아이기 때문에 상관없다 생각해서 당당하게 이야기했다. 다양한 직무 경험이 많아서 실제로 업무에 자신도 있었다. 외국인 한국지사장은 내가 맘에 들었는지 나를 채용했다. 일하는 시간이 워낙 짧아 풀타임 월급은 못 주지만 조율하자고 하여 적절한 선에서 합의를 보고 근무를 시작했다. 그때가 35세였다.

그날부터 새벽에 일어나서 업무를 하기 시작했다. 이론상으로는 새벽에 2~3시간 일하면 9시부터는 자유로운 내 시간을 쓸 수 있었다. 일찍 못일어나는 날이나, 업무가 많은 날은 9시 이후까지 일하는 날들도 있었다. 그래도 일하는 시간이 짧아 글도 쓰고 약속도 잡는 등 다양한 다른 활동도 가능했다.

HRD 분야는 처음이었지만, 광고대행사 근무 경험과 출판 경험 등이 너무나 큰 도움이 되었다. 모르는 건 배우고, 없는 건 만들어가며 1년 동안 재미있게 일했다. 하지만 회사의 콘텐츠가 한국에서 인지도가 전혀 없고 또 코로나 시기였기 때문에 첫 1년 정도는 별 의뢰가 없었다. 일을 시작한 지 1년이 채 안되었을 때부터 공식적인 문의가 들어오기 시작했다. 처음에는 온라인 교육 위주였지만, 위드코로나로 상황이 바뀌면서 오프라인 교육 문의가 생기기 시작했다. 지금 생각하면 초창기의 프로그램은 참 허술했다. 하지만 당시 할 수 있는 최선으로 준비했다. 콘텐츠 번역, 기획, 영업 등은 내가 다 하고, 실제 교육장에는 강사와 스텝들을 투입했다. 그런데 생각보다 이 강사 역할을 잘하는 사람을 구하는 게 어려웠다. 면접을 보고 뽑아서 출강시켜도 컴플레인이 조금씩 들어왔다. 당시 나는 육아를 해야하는 입장이라 실제 교육 현장에 나갈 수는 없었다. 결국 한국지사장이 자신의 가까운 지인을 내보내기 시작했다. 그 사람은 강사가 아니었다. 하지만 할 사람이 없었다. 솔직히 내 눈에는 정말 아니다 싶었는데, 한국지사장 말로는 잘 한다고 하길래 그냥 믿고 내보냈다. 무엇보다 대표의 승인이었기 때문에, 직원인 나로써는 그냥 믿고 맡길 수밖에 없었다.

그러다 정말 큰 사건이 터졌다. 교육생 수가 굉장히 많은 대규모 교육이었는데, 우려했던 일이 벌어진 것이다. 교육이 시작되고 5분이 지나자 고객사 교육담당자에게서 전화가 왔다. 엄청난 컴플레인이었다. '이 강사 대체 뭐냐', '어떻게 이렇게 대본을 줄줄 읽는 사람을 보낸거냐', '경험이 전혀 없어보인다' 등등… 하지만 당장 그 자리에서 다른 조치를 취할 수가 없었다. 대신 갈 수 있는 사람도 없었고, 그 사람이 끝까지 해내야했다. 한국지사장도 현장에 있었지만 외국인이라 강사 역할을 맡는 것이 불가했다. 인트로가 끝나고 한국지사장 및 강사와 통화를 하며 남은 시간만이라도 제발 잘 부탁한다고 당부했다. 그렇게 불안한 마음으로 시간이 흐르고, 그 강사는 고객사와 약속된 교육시간보다 훨씬 일찍 마무리를 해버렸다. 또 컴플레인이 터졌다. 진행을 잘 못하는 것을 넘어 약속한 교육시간까지 어긴 것이다. 정말 이 때만 생각하면 아찔하다. 너무 화가 났다. 모든 기획과 영업은 내가 하고 고객사 응대도 내가 하기 때문에 컴플레인은 모두 내가 받았다. 그 강사에게 너무 화가 났다. 경험이 없으면 밤새서라도 연습을 했었어야 했고, 시간이 돈인데 기업과 약속된 시간을 잘라먹은 것에도 화가 났다. 그리고 무엇보다 그 강사를 승인한 한국지사장에게도 너무 화가났다. 아무리 외국인이라도 무대장악력이나 분위기 같은 것은 충분히 알 수 있을텐데… 그러나 다시 생각해보면 그 지사장은 나보다 10살 어린, 실무경험이 현저히 부족한 인물이었다. 내가 간과한 것이 그것이었다. 사실상 이 회사에서는 내가 대표 역할이라는 것. 내 기준으로 강사를 보고 승인했어야 했다는 것.

그 사태가 끝나고 고객사 담당자에게 전화로 몇 번이고 전화해 사과를 해야했다. 그리고 딱 한 번만 더 맡겨주면 100% 만회하겠다며 기회를 달라고 했다. 다행히 그후 한 번 더 연락이 와서 교육을 진행하게 되었다. 그때는 아이를 맡기고 내가 직접 나갔다. 다른 누구에게도 맡길 수 없었다. 내가 직접 강사로 출강한다고 하니 담당자는 처음에 좀 못미더워하는 눈치였지만, 강의가 시작되자 딱 마음을 놓으셨다. 쉬는 시간에 내게 걸어오는데, 눈빛을 보자마자 알았다. 이 사람, 나를 믿는구나. 만회하는 데 성공했구나, 하고.

사실 나는 많은 사람들 앞에서 주의를 집중시키고 이야기하는 것, 강의하는 것 등을 원래부터 좋아했다. 20대 때 100명이 넘는 사람들 앞에서 강연을 해본 적이 있었는데, 강사가 천직이라는 것을 그때 깨달았었다. 하나도 떨리지 않고 오히려 설레었고, 모든 에너지를 쏟아붓고 집에 와서 침대에 탁 누웠을 때 그 카타르시스가 엄청났었다. 하지만 그 뒤로 원래 살던 삶을 사느라 강사의 꿈을 접어두고 지냈었다. 참, 사람이 어리석은 게… 자신에 대해 깨달은 바가 있음에도 바로 실천하지 못하고 길을 굉장히 돌아간다는 것이다. 사실 그 회사의 출강 일은 처음부터 내가 했었어야 하는 일이었다. 물론 아이 때문에 집에서 기획하는 일만 했지만, 내 성향을 좀 더 고려했다면 적극적으로 처음부터 내가 나갔어야 했다. 아무튼 그렇게 어영부영 출강을 한 뒤부터 물만난 물고기처럼 출강을 다녔는데, 내가 하는 모든 강의는 반응이 좋았다. 역시 천직이었던 것이다. 그렇게 강의를 다닌 지 이제 겨우 2년이 넘었지만, 짧은 시간 내에 많이 성장하여, 지금은 다양한 콘텐츠로 기업이나 기관에 좋은 영향을 주러 다닌다.

이렇게 고통스럽게 성장하는 과정을 겪으며 두가지를 깨달았다. 먼저, '나 자신에 대해 알아간다는 것', '나 자신에게 맞는 일을 찾아간다는 것', '내게 어울리는 역할을 발견해나가는 것' 이런 일들은 생각보다 시간이 꽤 들고 어려운 일이라는 것. 하지만 너무나도 가치있는 일이라는 것. 여기서 중요한 것은 '내 안에서 들려오는 소리를 무시하지 말아야 한다'는 것. 어쩌면 우리 모두는 원래 알고 있는지도 모른다. 내 역할이 무엇인지. 그것을 주변의 한계 때문에 가둬놓지 말아야 한다.

두번째, '위기는 엄청난 기회를 품고있다'는 것. 이 사건은 '일'에 자부심을 가지고 있는 내게 너무나도 가혹한 일이었다. 하지만 내가 비로소 알을 깨고 밖으로 나갈 수 있게 해준 너무나 감사한 일이기도 하다. 컴플레인을 처음 받았을 때만해도 '내가 이 일을 계기로 계속해서 전국을 다니게 될' 줄은 꿈에도 몰랐다. 고객사 담당자에게 컴플레인을 들을 땐 괴로웠지만, 정말 그것이 전화위복이 된 것이다. 내 안에 숨겨져있던 재능이 빛을 보게 되었고, 점점 그 영향력을 넓혀나갈 수 있게 되었다.

　앞으로 내 인생에 또 어떤 위기가 올 지 모른다. 하지만 뭐가 오더라도 크게 흔들릴 필요는 없을 것이다. 그 위기는 기회라는 반전을 숨기고 있을 것이기 때문이다.

한 치 앞만 봅니다

박주헌

    8월, 한여름에 양복을 입는다는 것은 여러모로 고역이다. 양복 속 내 몸은 이미 땀으로 흥건히 젖어 있었다. 아무리 경력 입사라고 해도 첫 입사의 예의상 양복은 어쩔 수 없는 선택이었다. 며칠 전 이전 회사의 송별회식에서 마신 술기운이 아직 채 가시지 않았는데 땀으로 그 기운이 배출되는 기분이었다. 회사는 지하철역에서도 한참을 걸어 들어가야 했다. 8월 즈음이라 아침에도 뜨거운 볕이 내리쬐니 메고 있던 넥타이만이라도 풀어헤치고 싶은 욕구가 마음을 가득 채웠다. 입사 면접을 저녁 8시에 보는 것과 면접관들의 얼굴이 하나같이 피곤에 절어 있었던 것을 보았을때 이곳이 결코 만만치 않은 곳임을 직감할 수 있었다. 하지만 정보보안 경력을 쌓고 싶었던 와중에 업계에서 정상급 위치에 있었던 회사였기에 일단 부딪쳐보기로 마음먹었고 그 마음이 잘 전달되었는지 입사 통보까지 받게 되었다. 새로운 환경은 항상 설렘과 두려움이 교차한다. 이곳은 어떨지. 앞으로 어떤 생활을 할지, 내가 잘해낼 수 있을지 기대보나는 걱정이 앞선 채 발걸음을 옮기고 있었다.

    회사에 도착해서 안내받은 담당자 연락처로 연락을 하니 사무실에서 사람이 나왔다. 나보다 어린 나이로 보이는 남자였으나 거뭇거뭇한 수염과 피곤함이 배어있는 얼굴을 하고 있어 몇 년은 나이가 더 들어 보였다. 사무실 안으로 들어서자 생각보다 사람들이 없었고 빈 좌석들이 더 많아 보였다. 나에게 잠시 빈 좌석에 앉아 기다리라고 했다. 그러고는 어디론가 사라졌다. 나는 꿔다 놓은 보릿자루처럼 한동안 빈 자리에 앉아 사무실 풍경을 관찰하였다. 사무실은 내가 생각했던 활기찬 그런 느낌은 전혀 찾아볼 수 없었고 정적만이 가득했다. 새로운 직원에 대한 호기심 따위는 없는 것 같았다. 아무도 나에게 관심을 갖지 않고 자리에 앉아 모니터와 키보드만 응시하고 있었다. 얼마의 시간이 흘렀을까 저 건너편 회의실에서 왁자지껄한 소리가 들렸는데 이윽고 격앙된 한 명의 목소리가 들렸다. "똑바로 하라고!" 배경은 알 수 없었으나 상급자가 질책을 하는 내용임에는 분명했다. 한동안 그 질책의 강도는 수위를 넘나들며 높아졌다 낮아졌다 파도를 탔는데 내 마음도 함께 파도를 치고 있었다. 이전 회사에서는 경험해보지 못한 소리다. 긴장이 되어서 연신 침을 꼴깍 삼켰다. 질책이 최고조를 넘어 다시 소강상태에 있다는 느낌이 들었을 때 회의가 끝이 났는지 회의실에서 많은 사람들이 나왔다. 나오는 사람들의 표정은 하나같이 똥을 씹고 있는 표정이었다.

회의실에서 나오는 사람들 중 입사 안내를 하던 직원이 보였는데 그 뒤에 50대 정도로 보이는 호리호리한 몸매에 키가 크고 다부진 얼굴을 하고 있던 사람에게 나를 가리키며 설명하는 눈치였다. 50대의 그 사람이 나에게 다가온다. "아~ 박주헌 씨죠? 앞으로 우리 잘 지내 봅시다. 저는 팀장입니다." 호기롭게 나에게 악수를 청한다. 이후 뒤에 서 있는 안경을 쓴 후덕한 느낌의 40대로 보이는 남자가 파트장이라고 자신을 소개했다. 반말은 하지 않았지만 친절한 느낌은 들지 않았다.

이어 회의실에서 나온 다른 사람들에게 나를 새로운 직원이라고 소개해 준다. 사람들과 인사를 주고받았지만 다들 심드렁한 표정이다. 대부분 나보다 나이가 들어 보였는데 모두 피곤에 절어 있는 눈으로 나에게는 1초 이상 눈길을 주지 않았다.

인사를 마치고 자리에 앉은 지 얼마 되지 않아 파트장이 나에게 다가온다. "오늘 급한 일이 생겼는데 이 일을 맡아서 처리해 주세요. 문서 작업이 가능하겠죠?" 무슨 일인지 알 수 없었지만 일단 알겠다고 하니 나에게 관련 서류를 전달했다. 사업계획서를 작성해서 오늘 내로 클라이언트에게 전달해야 한다고 했다. 확인해 보니 규모가 큰 사업이었다. 사업 규모가 크다 보니 계획서의 필요 분량도 어마어마했다. 내용을 전달받은 게 점심 무렵이었는데 오늘까지 가능할 지 막막하기만 했다. 대응할 직원이 현재로선 나밖에 없고 중요한 사업이니 잘 처리해 주길 바란다면서 기초자료와 협력업체 연락처들만 전달해 주고 자리를 떴다. 반나절 만에 회사의 일처리 방식을 체감할 수 있었다.

주어진 미션은 어떻게든 해내야 하니 받은 업체 연락처로 하나씩 연락해 필요한 자료를 요청했다. 오늘 안에 작성해달라는 요청을 업체에 하다 보니 갑작스럽고 기한도 짧다며 볼멘소리를 해왔다. 어쩔 수 없는 일이었다. 해야만 하는 일이니 무조건 해달라고 요청할 수밖에 없었다. 아직 작성 초반인데 이미 저녁 퇴근 시간이 다가오고 있었다. 아무래도 안되겠다 싶어 파트장에게 내일 아침까지 끝내보겠다고 했는데 이미 그럴 줄 알았다는 표정으로 클라이언트를 설득해 보겠다고 한

벽에 몸을 부딪는 계절 143

다. 파트장은 클라이언트와 통화를 끝내고 나에게 다시 와서 새로운 요구 사항을 전달했다. 내일 오전 9시까지 자료를 보내주고 10시까지 클라이언트 회사로 들어가달라는 내용이었다. 이 말 안에는 밤을 샌 이후의 휴식 시간 따윈 없다는 의미가 담겨 있었다. 그러한 요구를 자연스러운 어투로 전달하는 것으로 봐서는 흔히 있는 일인 듯싶었다. 파트장은 형식적으로 첫날부터 야근을 시켜 미안하다며 클라이언트와 저녁 약속이 있다고 슬며시 퇴근한다.

아내에게 전화를 해 오늘 철야를 해야 한다고 했다. 아내는 입사 첫날부터 철야를 시키는 회사가 있냐며 의아해 했다. 이해하기가 쉽지 않은 상황인 것은 분명했다. 불 꺼진 사무실에 홀로 남아 계획서를 작성해 보니 어둠이 짙었던 창밖이 어느새 다시 환해져 가는 것을 느꼈다. 기한 시각인 9시가 임박할 즈음 문서 작업을 마무리할 수 있었다. 그때 파트장이 출근해서 나에게 물어본다. "잘 보냈죠?" "네..." 힘없이 답했다. 파트장은 이어 말했다 "수고 많았고 중요한 거래처이니 가서 잘하고 오세요."라며 응원을 보낸다. 어제 입었던 양복 셔츠는 함께 밤을 새워 꾸깃꾸깃해져 있었지만 10시까지 가야 하니 정비할 새가 없었다. 걷고 있는데 피곤에 절은 몸이 붕 떠 있는 느낌이 들었다. 그날따라 비까지 내려 몸을 더 처지게 하였다. 지하철을 타고 이동하는 내내 졸음이 밀려와서 서 있다가 다리에 힘이 풀리며 흠칫흠칫 놀라곤 했다. 잠을 자고 싶은 마음이 한가득이었지만 해야 할 일이 남았기에 어쩔 수가 없었다. 나는 약속한 10시에 초췌해진 몰골로 클라이언트를 만나 인사를 할 수 있었다.

난 프로젝트의 보안 영역 리더로서 사업계획서의 내용을 클라이언트에게 설명했다. 밤을 샌 걸 알았을 텐데도 휴식 시간에 대한 배려 없이 바로 업무가 이어졌다. 이미 그 사업은 많이 지연되어 하루도 허투루 보낼 수 없었던 상황이었기에 이해가 갔다. 그날 나는 저녁 9시 정도가 되어서야 일을 마무리할 수 있었다. 정말 비몽사몽이었다. 집에 도착하니 어린 딸아이를 돌보던 아내가 어찌 된 일이냐고 어떻게 그런 회사가 있냐고 하는데 나는 대꾸할 힘조차 없었다. 잠을 못 잔 지 40시간 정도 되니 머리가 너무 아팠다. 세수만 간신히 하고 이직 둘째 날이 끝이 났다.

이후 알게 되었지만 내가 몸담고 있던 팀은 회사에서도 악명이 드높은 외인부대와 같은 팀이었다. 하루하루가 전쟁과도 같은 날들이 이어졌고 그 전쟁이 끝날 때마다 결과가 좋지 않으면 혹독한 질타가 따라왔다. 팀원들의 근속 연수는 평균 6개월이었다. 반년을 채우지 못하고 퇴사하는 팀원이 많았기에 새로운 팀원에 대한 감흥이 있을 리가 없었던 것이다. 그곳에서 나는 5년을 버텼다. 버티다 보니, 버틸 만하다는 생각이 들 정도였다. 본부장이 된 팀장, 팀장이 된 파트장을 제외하고 5년을 넘게 남아있는 사람은 20여 명의 팀원 중 단 3명이었는데 내가 그 중 한 명이었다. 그 회사에서 5년을 보내면서, 아니 견뎌내면서 우수 직원 표창도 수여하고 동일 직급으로 부서 내 가장 높은 수준의 연봉까지 받을 수 있는 위치까지 서게 되었다. 그 기간 동안 회사에서 수많은 프로젝트를 경험하면서 내가 해낼 수 있는 일의 수준도 함께 성장할 수 있었다. 사람은 이상하게 바쁠 때 더욱 일을 벌이는 경향이 있다. 그 와중에 대학원에 진학하여 치열했지만 무사히 석사 학위까지 수료할 수 있었다.

한참 남편 손길이 많이 필요한 시기에 독박 육아를 하며 일주일에 며칠씩 집에 들어오지 않는 나를 물심양면 도와준 아내가 가장 큰 힘이 돼 주었다고 생각한다. 그때가 직업에 대한 성장이 가장 폭발적이었던 기간이었으며 나의 업무 실력의 밑바탕을 만들어준 시기임이 분명했다. 이러한 경험과 커리어를 바탕으로 이후 더 좋은 조건의 회사로 이직을 할 수 있었다.

그 후 한 번은 당시 같이 일했던 동료가 어떻게 5년 넘게 버틸 수 있었는지를 궁금해했다. 나는 그 물음에 잠시 생각하다가 이렇게 답을 했던 것 같다.

"하루하루 한 치 앞만 보면서 지내다 보니 그렇게 시간이 흘러있었어."

내가 픽션을 쓸 수 있다니?!

김지원

　글쟁이로서 늘 스스로에게 아쉬운 점 한가지는 '논픽션만 쓸 수 있다는 것'이었다. 하지만 나의 또 다른 꿈은 '픽션을 쓰는 것'이었다. 새로운 세계관을 만들고 인물들을 창조하고 스토리를 만들어 사람들에게 어떤 특정한 메시지를 주는 것이 나의 꿈이었다. 어렸을 때부터 픽션을 혼자서 써보려고 여러 번 시도했지만, 늘 중도 포기했었다. 지금 생각해보면 그때는 누군가에게 픽션을 의뢰받지도 않았고 강제성이 없어서 더 쉽게 포기하지 않았나 싶다. 왜냐하면 2024년 1,2월동안 나는 내 사업 때문에 반강제적으로 픽션을 쓰는 데 성공했기 때문이다.

　서른 다섯에 입사한 외국계 기업교육 회사에서 2년 이상 근무하며 여러 기업으로 출강을 다니다, 서른 일곱에 기업교육 콘텐츠 회사를 따로 차리게 되었다. 독립을 하게 된 것이다. 그래서 나만의 콘텐츠를 새롭게 만들어야 했다. 내가 진행하는 교육이 추리게임이었으므로 살인사건 시나리오를 써야했다. 물론 픽션 전문가에게 외주를 줄 수도 있겠지만, 비용 문제도 있고, 무엇보다 해당 교육 방식에 대해 가장 잘 아는 내가 쓰는 게 맞다는 생각이 들었다. 하지만 '과연 내가 해낼 수 있을까' 걱정이 되었다. 마침 한 고객사로부터 교육 예약이 들어왔다. 담당자와의 미팅에서 나는 일부러 '새로 만든 콘텐츠'를 가져가겠다고 담당자에게 약속을 했다. 이렇게 돈이 오고가는 프로의 세계에서 약속을 해버리면 그 약속을 지켜내기 위해 어떻게든 해낸다는 것을 예전에 출간계약을 하고 책을 써내면서 깨달았기 때문이다. 계약된 교육은 3월이었다. 1,2월 두 달 동안 나는 픽션을 써내야만 했다. 이제는 더이상 취미가 아니었다. 글이 안 나온다고 중도포기 할 수도 없었다. 프로로서 맡은 프로젝트를 해내야 했다. 80명을 대상으로 하는 교육에 제대로 된 콘텐츠를 가져가지 못하면 피해규모도 크고, 고객사에 손해배상을 해야할 수도 있었다.

그 엄청난 압박의 힘으로 시나리오를 쓰기 시작했다. 때마침 사업상 소개받은 인물이 있었는데, 재미있는 면모가 많은 사람이었다. 그 인물로부터 모티브를 얻어 그를 중심으로 극을 써보았다. 실제인물이 가지고 있는 면모에 내가 상상으로 만들어낸 성격을 더해나갔다. 그 캐릭터라면 내뱉을 법한 대사를 썼다. 그리고 그의 주변 인물들을 하나씩 생성해냈다. 이 작업을 하면서 왜 예술작품에 '모티브'가 필요한 지 체감하게 되었다. 중심되는 인물이 있으니 살을 붙여나가기가 용이했다. 생성한 인물들의 행동에 정당성을 부여하기 위해 상상과 실제 그 모든 것을 가져왔다. 실제로 내게 있었던 일을 조금 녹여내어 담기도 하고, 거기서 비롯된 상상으로 무언가를 더하기도 했다. 각 인물을 더 실제처럼 느껴지게 하기 위하여 서사를 더 두껍게 만들어냈다.

그렇게 어느 정도 틀은 나왔는데, 디테일이 부족했다. 그리고 이 디테일을 만드는 게 쉽지 않았다. 왜냐하면 스토리에 모든 인물들이 얽혀 있었고, 이미 움직임과 동선들이 꽤 그려졌기 때문에, 한가지를 바꾸거나 더하거나 빼면 도미노처럼 나머지도 다 수정해야 했기 때문이다. 짧지 않은 분량의 작품에서 하나하나 연관된 것들을 찾아 고치는 것은 정말로 곤욕스러웠다. 그렇게 고치다보면 그 중 하나와 연관된 다른 것이 말이 안되게 되어버려 머리가 지끈지끈 아파왔다. 어떤 구석도 말이 안되지 않게끔 생각하고 또 생각하고 수정하고 또 수정했다.

게다가 이 일은 시나리오만 쓰면 끝나는 게 아니었다. 교육생들이 보물찾기처럼 찾을 추가 힌트도 따로 만들고, 사건의 전말을 파악할 수 있게 교재와 영상도 만들어야 했다. 2월 말에는 결국 철야 작업을 하는 날들도 있었다. 나름대로 스토리 속에서 작업을 즐기고 있긴 했지만 힘들지 않다면 거짓말이었다. 하지만 마감일을 맞춰서 6명의 배우들이 교육 전에 충분히 연습을 할 수 있게 해야했고, 내 회사의 가장 큰 고객사가 실망하거나 손해배상을 청구하는 일이 없어야했다. 그것만 생각하면 정신이 번쩍 들어 다시 한 땀 한 땀 만들어나갔다. 그렇게 시나리오를 완성했고 무사히 3월에 그 콘텐츠를 고객사에 제공할 수 있었다. 다행히 '재미있다'는 반응을 얻었고, 그 뒤로는 매달 그 시나리오를 사용하여 고객을 만나고 있다.

중요한 것은 픽션을 쓰는 일이 '어려웠지만 할 수 있는 일이었다'는 것이다. 나는 픽션을 못쓰는 사람인 줄 알았는데 그렇지 않다는 것을 증명해냈다. 이렇게 '한 번 해낸 경험'이 사람에게는 정말 중요한 것 같다. 이 한 번으로 '이것이 가능한 사람'의 여부가 바뀐다. 한 번이라도 해냈다면 나는 앞으로도 충분히 할 수 있는 사람이 된다. 자신감이 생긴다. 한 번 했으니 또 할 수 있을 것이다.

시나리오 완성 경험을 하면서 배운 것은 '번개같은 영감보다는, 고객과의 계약 같은 강제성이 창작을 이끌 수 있다'는 것이다. 그리고 '사람이 한 뼘 성장하는 데 고통이 없을수가 없다'는 것이다. 이 경험을 계기로 나는 껑충 성장했다. 픽션 의뢰도 받을 수 있게 된 것이다. 이렇게 되기까지 고통의 날들을 보냈지만 너무나 의미로운 날들이었다. 그 전의 나와 그 후의 나는 완전히 다르다. 앞으로 고통스러운 날을 맞이한다면 '엄청 성장하려고 그러나보다' 생각하며 즐겁게 견뎌내볼 예정이다. 올해 하반기에 시나리오 한 편을 더 쓰려고 한다. 나는 이제 픽션을 쓸 수 있는 사람이니까.

아프니까 교육이다

김시남

그 해 2월 겨울은 눈이 많이 내렸다. 졸업식을 마치고 4층 상담실에서 바라보는 설경은 마음의 평화를 안기는 축복처럼 느껴졌다. 잠시 후 교실로 찾아온 학 학생 왈 "선생님, 교과 선생님 중 한 선생님이 제게 네가 대학 진학하면 손가락에 장을 지진다고 하네요? 너무 황당하고 어처구니가 없어 약이 오릅니다. 꼭 합격해서 그 선생님이 손에 장을 지지도록 하겠습니다."하면서 교실을 빠져나간다. 씁쓸했다. 순간 교육의 주체를 떠올리고 어제와 오늘을 생각했다. 교육은 늘 완전함을 추구하지만 어제도 오늘도 미흡해서 개선되어야 할 부분이 많다는 것을 인정하지 않을 수 없다. 교사로 시작하여 그동안 교육 현장에서 몸부림치며 달려오다 유독 내 나이 40대 후반에 깊은 회의와 함께 이래서는 안 된다는 위기의식이 감지되었다.

흔히 교육을 정의할 때 우리는 '인간행동의 계획적 변화'라고 이야기한다. 학교에서 분명한 주체로 인식되는 것은 변화를 시켜야하는 학생이다. 학생과 더불어 중요한 또 하나의 교육적 주체는 바로 교사이다. 교사와 학생의 관계가 바람직하게 연결되고 소통되면 교육은 큰 무리를 유발하지 않을 것이다. 통상적으로 인식되어오던 교사들의 언어가 오늘따라 몹시 귀에 거슬렸다. "야, 이새끼야"는 일반적 호칭으로 굳어진 것 같고 "이런 개새끼 같은 놈이", "이런 막되먹은 새끼를 봤나", "이런 버러지 같은 새끼 같으니라고." 등의 원색적 표현도 서슴없이 사용되었다. 순화되지 못한 교사들의 언어에 약간은 짜증이 났고 내 자신 또한 아무 부끄러움 없이 학생부(요즘은 생활지도부) 근무시 몹쓸 언어들을 많이 사용했음에 자괴감이 들었다. 학교에서 쓰던 거친 언어가 자연스럽게 가정에서 자녀들에게 전이되면서 아내와 불화가 잦았다. 심지어 아내가 교장선생님께 전화해서 제발 우리 남편 학생부에서 다른 부서로 좀 옮겨주시면 안되겠느냐고 부탁할 정도였으니 그때 내가 자행한 언어폭력이 얼마나 많은 아이들에게 상처를 주었는 지가 아프게 다가왔다. 그 당시에는 교사들의 체벌도 아이들의 행동수정 방법으로써 너무 흔하게 사용되었다. 부끄러운 자화상을 그리는 듯 하여 괴롭지만 당시 지도 명분으로 손에서 매는 떠나지 않았고 그 종류 또한 다양했다. 교사들은 더 좋은 매를 구하기 위해 당구장에서 쓰는 딱딱한 큐대를 잘라 쓰거나 싸리나무 줄기, 대나무 뿌리, 심지어 목공실에서 잘 다듬은 각목을 들고 학생지도 잘하는 교사의 표상처럼 들고 다니며 휘둘렀다. 왜 그렇게 때려서 지도를 해야 했던지... 당시에는 학생부와 교무실에서 아이들을 손이나 매로 구타하는 소리가 없으면 이상할 정도로 학생 폭력이 난무했다. 내가 상담실에 근무하면서 "때리는 교사는 무능한 교사다."라고 일설 한 것이 선배 선생님들로부터 틈틈이 비아냥거리는 소리로 돌아왔다. 아이들은 피멍이 든 부위를 부모에게 발각되어 더 혼날세라 감추고 씻기 일쑤였고 심지어 허벅지를 많이 맞아 엉거주춤 걷는 학생들도 부지기수였다.

물론 교사들이 심심해서 장난삼아 매질을 하는 경우는 없었을 것이다. 교육적 훈화나 지도의 방편으로 매를 들었을 것이나 학생들의 인격은 철저하게 무시되었다. 죄인 취조하는 듯한 말투와 위협이 교육현장에서 당연히 일어날 수 있는 현상으로 여겨졌다. 참 많이 아팠다. 학생들에게 올바르고 바람직한 행동을 이끌어내기 위한 수단으로 구타와 폭력은 정당화 될 수 있는 것일까? 한때 나 역시도 생각 없이 그 상황에 함몰되어 자행했던 폭력적 언어와 폭행의 과거가 몹시 아픔으로 다가오면서 자조하듯 눈 덮인 먼 산만 응시하였다.

"고개 들어 이 자식들아, 여기 앉아 계시는 선생님들을 똑바로 쳐다봐! 그리고 여기 계신 엄마, 아빠들, 저런 아이들은 사회를 갉아먹는 좀벌레들이예요, 저 아이들이 저렇게 자라서 사회적 악을 양산해 내는 거라고요. 도대체 아이들 교육을 어떻게 했길래 이 모양이에요?"

경찰서에서 경찰이 학부모들에게 던지는 따끔한 질타였다. 쥐구멍이라도 들어가고픈 심정이었다. 학생 지도를 잘못한 교사의 입장에서 많이 부끄러웠고 죄책감이 밀려왔다. 검찰청 검사에게서 이런 비슷한 질타를 듣는 경우가 몇 번 있었다.

한 번은 학생들 다섯 명이 조를 편성해 주택 계단이나 입구에 세워진 자전거를 절단기로 자르고 훔쳤다. 그렇게 훔친 자전거를 도색으로 변조하여 팔아먹다가 잡힌 5명의 제자들을 용서해 달라고 부탁하는 자리였다. 특수절도였다. 가정형편이 양호한 학생들은 아니었다. 모두 편부모이거나 조부모 밑에서 성장하는 아이들이었고 부모들은 경제적

활동을 하느라 일찍 나가고 늦게 귀가하는 특성을 가졌다. 이들은 삼삼오오 짝을 이루어 다니면서 시차를 두고 절도를 했고 약 2개월 사이에 무려 30대의 자전거를 훔쳐 팔았다.

또 한 번은 약간 지적수준이 결여된 아이들과 소위 문제 아이들 3명이 뒤섞여 술을 마시고 연립주택 옥상에서 본드를 흡입하다 적발된 경우였다. 이런 경우는 마약류와 유사하게 환각물질을 흡입하는 죄로 취급하여 엄하게 처벌되었다. 약간의 지적장애가 있는 아이들이고 호기심에서 유발된 사건이니 한번만 관용을 베풀어 주시면 다시는 이런 경우가 발생하지 않도록 학교에서 책임지고 각별한 지도를 하겠다고 선처를 간곡하게 부탁하여 풀려난 경우였다.

변호사를 선임하고 기소유예로 풀려나 지속적으로 관심과 관찰을 통해 이런 경우가 재발하지 않도록 지도를 했다. 이 사건은 아이들이 왜 저러한 행동을 할 수 밖에 없었는가를 생각하게 했고 학생들의 문제가 근본적으로 어디에 있었으며 그 해결방법이 무엇인가를 고민하게 했다.

또 이런 경우도 있었다. "아니 선생이면 다예요? 우리 아이는 그 아이 때리지도 않았고 그냥 망만 보고 있었는데 왜 우리 아이가 그 아이들과 똑 같이 처벌을 받아야합니까? 이대로 우리 아이가 정학을 당하면 나 그냥 가만두지 않을 거예요!" 오후 퇴근 무렵이었다. 학생들끼리의 집단싸움에 연루되어 학생선도위원회에서 7일 유기정학 처분을 받게 된 학생의 학부모가 고함을 지르는 소리이다. 술을 잔뜩 마시고 교무실에 들어와 일종의 행패를 부리고 있는 것이다. 알아듣도록 설득하려 하나 도무지 막무가내로 고함만 질렀다. 우리 아들은 전혀 잘못이 없다고. 주위에 있는 여러 선생님들의 도움을 받아 겨우 진정시키고 퇴근을 했다. 퇴근 후에도 다시 전화가 걸려와 앞뒤가 맞지 않는 소리를 계속했고 심지어 아이를 추궁하면서 "아니라고 확실하게 말해 이 새끼야."라고 전화기 곁에서 다그쳤다. 막무가내였다. 참 막막했다. 그럼에도 불구하고 이 학생은 유기정학 5일로 결정이 났고 부모가 교장실에도 취한 모습으로 찾아와 행패를 부렸다. 안타까웠고 교육에서 학부모의 존재란 어디에 어떤 모습으로 위치해야 할까를 생각하게 했다.

아팠다. 교육현장은 어째서 이런 아픔을 동반할 수밖에 없는 것일까? 졸업식을 마무리하고 참담한 심정으로 설경에 젖은 바깥풍광을 응시하며 담임교사로서 16년의 교직생활을 되돌아보았다. 지엽적인 문제라 치부될 수 있지만 분명하게 교육의 현장에는 아픔이 있고 치유되어야 할 과제가 있음을 선명하게 인식하는 계기들이었다. 교육의 주체는 교사, 학생, 학부모이다. 아이들의 진정한 교육적 토대가 구축되는 상황에서는 이들 주체가 제대로 서 있어야 하고 그 주체들이 각기 제 역할을 다 해 내야 한다. 오늘날 교육현장에서는 일어날 수도 없고 있어서도 안되는 경우이겠지만 한편으로 생각하면 그때의 수많은 과오들이 타산지석으로 받아들여져 발전된 현재가 있지 않았을까? 학교현장에서 학교교육의 문제점을 어떻게든 개선해 보기 위해 헌신적으로 노력하는 사람들 덕분에 지금이 있지 않았을까? 듀이가 말한 경험의 성장이 교육이라면 성장은 인간이 살아있다는 징표이며 삶의 목적이기 때문에 학교가 존재하고 학생중심의 교육사상이 존재하는 것일 것이다. 교육의 과정이 곧 삶의 과정이라는 듀이의 교육사상이 우리의 교육현실에 시사하는 바를 짐짓 여미어 보았다. 긴 호흡으로 멀리 내다보고 아직도 정제되지 못한 교육의 문제들을 풀어야 한다. 교육의 목적과 삶의 목적은 동일하다. 교직에 있으면서 지식교육보다는 인성교육의 중요성을 그 누구보다 강조한 자신을 되돌아보면서 한편으로 이율배반의 요소가 있었음이 심히 부끄럽게 여겨졌다.

아픔 없이 성장할 수 없는 것이 교육이다. 사람은 정서적으로 여리기 때문에 누구나 사랑받고 인정받고 싶어한다. 감성 지배를 더 많이 받을 수 있는 사춘기 때에는 스승의 따스한 말 한마디가 자기 인생의 꽃을 피우는 단초가 될 수 있다. 그러므로 교육주체와 객체는 계속 다듬어져야 기름진 교육토양을 마련할 수 있을 것이다.

전화벨이 울렸다. "선생님 저 S대학교 국제경제학과에 합격했어요."

어느 선생님 한분은 손에 장을 지지고 있을 것 같다.

학교 교육현장에는 아직도 많은 문제가 산재해있고 구성원들의 더 많은 아이디어를 요한다. 회의와 위기의식을 뿌리치고 자신만의 평화로운 살길을 찾아보겠다고 고뇌하던 40대 성장통을 회상하며 미소를 지어본다.

인간이여, 사랑이여, 인성이여, 실력이여. 아프고, 밟히며 흔들리더라도 교육이라는 이름으로 다시 힘차게 더 높이 솟아오르소서!

Part 4

시리게 뜨거운 계절

남겨진 아이

이진아

　죽음의 시간은 리허설이 없다. 생을 다한 주인공의 인생 대본을 떠올리며 조연들은 대사와 표정을 즉흥적으로 표현한다. 상실의 시간은 연습할 수 없다. 관계의 친밀도는 시간과 공간, 행동의 공유량에 비례한다. 애도는 관계마다 개별적이다. 추모 앞면에는 떠난 이가, 뒷면에는 남겨진 이가 그려져 있다. 떠난 이에게 예를 갖춰 애도를 표하고, 남겨진 이의 슬픔과 두려움에 위로를 전한다. 나는 부고 소식을 접하면 뒷면을 먼저 본다. 뒷면에 그려진 이들의 남은 삶이 가련하지 않기를, 눈물겹지 않기를 기도한 후 이들의 누군가로 살았던 생을 위한 명복을 빈다.

　36년 전 추모의 뒷면에 내가 처음 새겨진 이후 생긴 후유증이다. 6살의 어느 날, 엄마라고 불렀을 사람이 사라졌다. 울지 않았다. 울어야 하는 건지 몰랐다. 10살 봄의 그날, 어찌 된 영문인지 밥을 며칠째 먹지 못하던 아빠가 쓰러졌다. 다시 일어나지 않았다. 무서워 울었다. 아빠가 쓰러진 그해 여름 초입, 굽은 등이 가슴 위로 솟아오를 만큼 천장을 보고 누워만 있던 할머니는 누운 채 그대로 관으로 옮겨졌다. 무감각해져 아무 느낌이 없었다. 세 번의 죽음이 왔다 간 후 나는 홀로 되었다. 남겨진 아이가 되었다.

죽음은 고인을 향한 슬픔의 눈물을 강요하지만 죽음의 뜻과 크기를 가늠할 수 없었던 나는 눈물을 흘릴 수 없었다. 불리는 호칭에 따라 제각기 어울리는 역할을 해냈던 고인의 모습이 떠오르지 않아 흘릴 눈물의 양을 계산할 수 없었다. 모성애를 품은 눈빛을 본 기억이 나지 않았다. 아빠의 가슴 품은 열려 있지 않아 나에게 달려드는 위험을 피해 숨을 곳이 없어서 불안하고 두려웠던 날들만 튀어나와 있었다. 밤새 불을 켜 놓고 고인의 마지막을 지키는 어른들이 마치 나를 보호해 주는 호위무사들처럼 든든하여 생존을 향한 본능은 안도했고 상실감을 덮어버렸다.

눈물 한 방울 앞에 철저히 계산적이던 나는 애초에 부모라는 단어에 들어 있던 천륜의 의미를 배우지 못했기에 어떠한 변명도 설명도 사과도 없이 내 곁을 갑자기 떠나버린 그들을 미워하지 않았다. 서운하지 않았다. 원망하지 않았다. 눈앞에 선명하게 보이는 말임에도 불구하고 세상 사람 누구를 향해서도 부를 수 없게 되었지만 불편하지 않았다. 남들에게는 있는 것이 나에게는 없어 억울한 적도 더러 있었지만 불평하지 않았다. 다행이었다. 그들이 나를 열렬히 사랑해 주었다면, 내가 그들을 지독히 사랑했다면 내가 세상에 내린 뿌리는 아마도 원망이었을 것이다. 끌려간 건지, 따라간 건지 모르지만 나는 빼앗겼다고 여기며 나의 생에서 너무 일찍 그들의 존재를 지워버린 신을 원망하는 마음이 내가 가는 곳마다 제일 앞줄을 차지했을 것이다.

감정은 나이의 숫자에 따라 늘어났다. 상실감의 자리에 죄책감을 끼워 넣었다. 아빠의 입에 밥 한 숟갈 넣어주지 못한 철이 없는 불효녀, 죽음이 두려워 병간호도 제대로 하지 못한 겁쟁이가 되어 나 때문에 아빠가 그리 허망하게 죽게 된 걸지도 모른다는 생각, 할머니가 그날보다는 조금 더 내 곁에 머무를 수 있었을지도 모른다는 생각이 스멀스멀 나를 괴롭혔다. 어리바리했던 10살의 나를 자책했다. 기억 속에 머물던 얼굴은 지워진 지 오래다. 사진 속의 얼굴마저 닳아 희미해졌다. 그들의 얼굴을 기억하려 노력하지 않는 나를 책망했다. 급히 덮어버린 상실감은 사람과 사람 사이 발생하는 관계의 모든 것을 쉽게 덮었다. 보호막이 없던 나는 누구와 이야기해야 할지, 나의 말을 들어줄 여유와 이해가 있는 사람인지, 신뢰할 만한 사람인지, 나를 나쁜 길로 끌고 갈 사람은 아닌지 따져봐야 할 게 많았다. 나의 처지가 약점이 되어 돌아올까 봐, 값싼 동정의 대가를 요구할까 봐 겁이 났다. 구김 없이 깨끗한 얼굴을 덮어씌워 겁 많고 소심한 나를 숨겼다.

어른이 되어갈수록 상실감은 서글픔을 동반했다. 처음 만난 세상이 산산조각 깨져버린 충격이 몸에 새겨져 나의 조그마한 손짓에도 균열이 생길까 두려워 나를 감추고 다가가지 않았다. 말라 비틀린 관계에 물을 주지 않고 숨을 불어넣지 않았다. 20살 성인이 되어 다가온 사람에게도 마찬가지였다. '있는 척, 행복한 척, 사랑받는 척 연기하던 나의 이면을 보여줄 테니 당신이 나를 감당할 수 있을지 시험에 통과하면 나의 곁에 머물게 해 주겠다. 그렇지 못하면 한시라도 빨리 떠나라.'라는 체념의 마음으로 내가 수십 년 넘는 세월 동안 애써 감춰왔던 쓸쓸함과 외로움을 꺼내놓았다. 그는 옹졸한 속내를 가진 나를 떠나지 않았다. 이후 긴긴 검증의 시간을 보내고 그를 지켜보던 불안한 눈빛은 내가 그를 다치게 할 것 같지 않고 그가 나를 버리지 않을 것이라는 확신에 찬 신뢰감으로 바뀌었다. 오랜 기간 없었던 나의 보호자가 생겼고 작은 아이의 보호자가 되었다.

남겨진 아이는 온전한 가족의 모습을 갖춘 완전한 세상의 어른이 되었다. 지켜내야 할 소중한 것들이 나를 지켜주었다. 사랑하는 이들과 머무는 고마운 삶을 지켜낼 것이다. 나의 부모였던 사람들처럼 훌쩍 떠나지 않을 것이다. 떠난 이들의 심정은 알 수 없다. 먼저 떠나게 되어서 미안했을까. 힘든 세상살이를 놓을 수 있어서 홀가분했을까. 인생 여정에 계획하지 않았던 일이라 당황했을까. 추측과 짐작만 해볼 뿐이다. 하고 싶은 말을 미처 못 한 채 떠난 건 아닐까. 하지 못한 말은 무엇이었을까. 내가 듣고 싶었던 말을 해 주었을까. 이런 일방적인 물음만 늘어놓은 채 아무 말도 없이 떠난 이를 놓아주지 못하는 질질 끄는 죽음은 싫다. 먼저 가서 미안하다는 말을 남긴 채 비겁하게 죽지 않을 것이다. 절대 아무 말 없이 무책임하게 죽지 않을 것이다.

'내 잘못인가', '내가 좀 더 잘했더라면', 이라며 남겨진 이가 자기 검열과 죄책감을 감당하지 못해 비탄에 빠져들게 하는 죽음도 싫다. 환히 웃으며 덕분에 고마웠다는 말을 전하며 죽고 싶다. 죽는 순간 말하지 못할 것 같으면 미리, 자주 해놓을 것이다. 덕분에 인생이 재미있다고, 즐겁다고, 행복하다고. 감사하다고. 소중하다고. 외롭지 않다고. 무섭지 않다고...

퇴근 후 집 현관문을 열고 아이의 얼굴을 마주했을 때 반짝이는 초롱초롱한 눈빛의 검은 눈동자를 바라보고 오래오래 으스러지게 안아주며 속삭일 것이다. 무수한 세월이 흘러 흐릿한 눈빛의 탁한 회색 눈동자끼리 마주 보는 마지막 날까지 자주자주 말해줄 것이다. 내가 볼 수 없는 남겨진 이의 삶이 그저 순탄하고 무탈하길 바라는 염원을 그의 생 전부에 가득가득 들어차도록 전할 것이다.

원팀이 되어보자

김미진

2024년, 결혼 10주년이 되었다. 남편과 나는 20대 초반에 만나 6년 간 연애를 하고 결혼을 했다. 옛 연애 이야기를 하려니 쑥스럽지만, 우리의 첫 만남은 청춘 영화 같았다. 군대 교회에서 만났는데 나는 군인 가족 신분으로 교회에서 피아노를 치는 반주자였고, 남편은 군인으로 복역 중에 예배를 드리기 위해 교회에 왔다. 그날도 예배준비를 위해 피아노 앞에 앉아있는데 한 군인이 내 옆으로 다가와 인사를 건넸다. 눈을 반짝이며 조금은 쑥스러운듯한 말투로 '안녕하세요' 인사를 하는데, 그 모습이 마치 어린 소년 같았다. 장난기 어린 그의 순수한 눈빛을 보고있으면 나도 소녀가 되는것 같았고, 그 느낌이 좋아서 오랫동안 친구처럼 지냈다. 어느새 시간이 흘러 그의 전역 날이 되었다. 그는 나를 불러내어 손 편지를 주며 고백을 했다. 그의 순수하고 진심이 담긴 손 편지는 감동을 주었고, 그 사람을 더욱 궁금하게 만들었다.

그 당시 나에게 고백하는 남자가 꽤 많았는데, 가볍게 만나고 헤어지는 연애를 원하지 않아서 결혼할 상대가 아니면 쉽게 시작을 하지 말아야겠다고 다짐을 했었다. 이러한 나의 연애관을 전했더니 그도 동의한다며 정식으로 사귀기에 앞서 그의 추천으로 책 나눔을 했다. 책 제목은 '코트쉽' 이라는 크리스천의 연애 지침서였다. 그 이후로 연애와 결혼에 대해 진지한 대화를 나누게 되었고, 서로에게 신뢰와 애정이 깊어져 정식으로 교제하게 되었다. 6년간 연애를 하며 기억에 남는 것은 정식으로 교제하고 백일이 되었을 무렵 장미꽃 백 송이와 큰 곰돌이 인형을 받았는데, 무겁고 커다란 것을 들고 전철을 탔다니 그 마음이 참 고맙고 설레었다. 그리고 서로 집이 멀고 학교에 다니고 있어서 일주일에 한 번씩 데이트를 했는데 늘 새로운 데이트 코스를 준비하고 알뜰하게 할인 쿠폰까지 준비하는 모습이 성실해 보였다. 나는 주로 연애를 드라마로 배워서 여자는 마음을 전부 보여주지 말고 내숭을 떨어야 남자가 더욱 좋아한다고 알고 있었다. 배운 대로 연애 초반에는 소위 밀당을 했지만 이 사람의 진실한 모습에 나도 모르는 사이 남편에게 마음을 주게 되었다. 어쩌면 사랑에 빠진 내 모습이 더 좋았던 것 같기도 하다. 이상형을 물어보니 '아침밥 해주는 여자'라고 대답하기에 소풍 도시락을 정성껏 만들어보기도 하고 밸런타인데이 때는 초콜릿을 직접 만드는 정성을 보이며 매력을 어필했다. 그 모습에 아빠가 질투를 많이 하셨다.

그렇다고 늘 좋은 일만 있진 않았다. 한 번은 헤어질 결심을 하고 싸운 일이 있었다. 나는 많은 경험을 하며 도전하는 것을 추구하기에 인도로 해외 봉사활동을 가려고 했다. 하지만 지금의 남편은 인도는 위험한 나라로 알려져 있고 너와 떨어지기 싫으니 끝까지 가지 말라고 말렸다. 결국, 내가 의지를 굽히지 않자 헤어지고 가라는 협박까지 했다. 결국, 싸우고 화해하기를 반복하며 우리가 내린 타협안은 '약혼'이었다. 그래서 가족 친지를 모셔서 약혼식을 하고 해외 봉사를 다녀온 후 그해 결혼을 하게 되었다.

연애할 때는 그 종착지가 헤어짐 혹은 결혼이라고 생각했지만 큰 오산이었다. 결혼은 또 다른 시작이었고 '적과의 동침'이었다. 신혼 3년간은 무지하게 싸웠다. 생활 방식이 맞지 않아서, 취미가 맞지 않아서, 집에 들어오지 않아서 싸웠다. 남편 회사에는 애주가 상사분이 계셨는데 신혼 때는 회식만 주 4회를 해서 얼굴을 볼 수가 없었다. 또 집에 오면 잠만 자니 답답할 노릇이었다. 그렇게 싸우는 횟수가 많아지고 대화조차 할 수 없어서 불만이 쌓이고 남편에 대한 원망이 많아지며 결혼생활이 외로워졌다. 6년 연애를 하며 다툼 한번 없던 커플의 결혼생활은 치고받고 전쟁터나 다름없었다. 결혼 전에는 흥 많고 누구보다 긍정의 에너지가 많던 내가 결혼하고 나니 우울한 사람이 되었다. 어느새 사람이 아닌 나무와 대화하고 있었다. 내가 상상했던 결혼 생활과는 너무 달랐다. 이혼이라는 제도와 이혼하는 이들의 마음이 공감이 갔다.

어려운 결혼 생활을 유지 하던 중 우리에게 큰 아픔이 찾아왔다. 결혼 3년차에 기다리던 아이가 생겼는데 기쁜 마음보다는 걱정이 앞섰다. 이제 막 시작한 대학원 생활과 하던 일들을 어떻게 처리 해야 하는지 고민이 되었다. 하지만 그런 고민도 잠시, 아이도 내 마음을 알았는지 9주 차에 자연유산이 되었다. 세상이 무너지는 것 같았다. 산부인과 진료실 앞에서 남편과 부둥켜안고 한참을 울었다. 그때 우리 둘 사이에 있던 벽도 함께 허물어졌다. 남편도 그동안 말을 안 했지만, 마음고생이 많았던 것 같다. 결혼 후에는 새로운 환경에 적응하느라 힘들었고 한 가정의 가장으로서 책임감과 부담감이 있었을텐데 내가 힘든 것에만 집중하느라 남편을 살피지 못했다.

이후 우리는 드디어 원팀이 된 것 같았다. 아플 때 함께 있어 주고 안타깝게 여기며 서로를 위로해주었다. 그리고 마음을 털어놓을 수 있는 품이 생겼다. 대화를 통해 서로의 마음을 알게 되었고 오해가 풀리니 집안의 공기가 달라졌다. 이전에는 남편이 남의 편이라고 느껴졌는데 이제는 온전한 내 편이 되었다. 그리고 아내인 나는 '집 안의 해'가 되어 가정을 밝게 비출 수 있게 되었다. 가정이 화목하니 매일 아침이 즐겁고 하는 일도 잘 풀렸다. 또 얼마 지나지 않아 우리를 꼭 닮은 두 아이가 생겼는데 가족팀원이 늘어나서 든든하기도 하다. 이때의 기억으로 가정이 화목해야 세상만사가 평안하다는 것을 몸으로 체감했다. 자녀를 키우는 것에는 또 다른 어려움이 많이 있지만 우리는 원팀이 되었기 때문에 서로 힘이 되고 위로가 되어 함께 이겨나갈 수 있다.

그리고 우리 가족에게는 특별한 문화가 생겼는데 매년 양가 부모님과 함께 여행을 다니는 것이다. 햇수로 7년째이다. 어떤 이는 왜 그런 불편한 상황을 만드냐고 하지만 우리에게는 큰 기쁨이다. 가족들이 다 같이 모여 이번 여행은 어디로 갈지 회의를 하는 모습이 정말 즐겁다. 각자 개성이 강하고 본인이 하고 싶은 것들이 많아서 의견이 쉽게 좁혀지진 않지만 결국 귀한 시간을 보낼 수 있음을 알기에 다들 기꺼이 응한다. 이제 부모님들은 칠순기념 해외여행을 계획하시며 곗돈을 모으기 시작하셨다. 아빠는 반대하셨지만 결국 순응하신다. 두 사람이 만나 가족이 되어 서로의 부모님과 함께 추억을 나누는 것은 엄청난 축복이다. 그 덕분에 우리는 더욱 단단해져가며 성숙한 가족이 되었다. 함께 나이 들어감에 감사하고 젊은 시절 추억을 되새기며 함께 웃는다.

새로운 문이 열리다

이복선

"몸이 너무 뜨겁고 가려워요."

임신 6개월인 나는 온몸에 발진이 나서 미친 듯이 가려웠다. 일하다가도 너무 힘들어서 샤워를 하고 올 정도였다. 임신으로 약을 먹을 수가 없으니 외래원장님을 찾아갔다. 임산부는 침을 2~3개만 놓을 수 있다고 한다. 그것으로 얼마나 나아질까 싶었지만 지푸라기라도 잡고 싶은 심정이었다. 집에서는 양배추를 머리에 얹고 가슴아래와 겨드랑에도 끼고 있었다. 그 모습이 수치스러웠지만 난 달아오르는 몸을 주체할 수가 없었다. 기다렸던 임신이었는데 왜 이렇게 힘들까 하며 울었던 적도 있었다. 임신 초기에는 외래 근무를 하고 있어서 3교대를 하지 않았지만 6개월쯤에는 병동으로 로테이션이 되었기 때문에 3교대 근무를 할 수 밖에 없었다. 하지만 출산휴가를 꼭 받고 싶다는 생각으로 열심히 다녔다. 그렇게 외래에 가서 세 번 정도 침을 맞았다. 그런데 신기하게 몸에 열감이 많이 좋아졌다. 그때 한방치료의 효과를 몸소 체험했다.

이른 아침에 일어나는 게 너무 힘들어 주로 오후 근무를 했는데, 그 선택은 결국 살이 더 찌는 결과를 가져왔다. 병원 저녁밥은 점심보다는 맛이 없었다. 물론 입덧의 영향도 있었지만 점심을 먹을 땐 그나마 괜찮은데 저녁만 먹으면 더 울렁거리고 이상한 냄새가 느껴져서 먹고 토하기 일쑤였다. 그렇게 토하고는 밤 10시가 넘어야 퇴근했는데 집에 가면 항상 배가 고파 야식을 먹는 일이 잦았다. 그러다보니 살이 어찌나 많이 찌던지 막달에는 25kg가 불어있었다. 살이 찌는 건 침으로도 어쩔 도리가 없었다.

예정일을 1주일만 남겨놓고 최대한 근무를 했다. 지금 생각하면 참 대단했던 것 같다. 나이가 어려서 체력이 좋았던 것 같기도 하다. 그렇게 힘들어도 최대한 근무를 한 건 출산휴가 3개월을 최대한 뒤로 쓰고 싶어서였다. 지금은 1년이나 그 이상도 받을 수 있지만 2009년만 해도 그런 분위기는 아니었다.

예정일 1주일 전부터 출산휴가를 받고 집에서 지내는 하루하루가 너무 힘들었다. 특히 수면을 제대로 할 수가 없었다. 배가 너무 나와서 누워도 힘들고 옆으로 자도 힘들고 숨도 많이 차서 잠도 깊이 들지 못했다. 그렇게 예정일 1주일이 지났을 무렵 어느 날 이른 아침 자고 있는데 갑자기 밑에 뜨거운 무언가가 훅 나오는 느낌이 들어 봤더니 양수가 터진 것 같았다. 임신이 처음이었지만 본능적인 느낌으로 양수임을 확신했다. 나는 신랑을 깨우고 미리 싸놨던 가방을 챙겨서 병원으로 갔다. 이제 아기를 만날 수 있다는 생각에, 나는 웃으면서 신랑과 농담을 주고 받으며 관장을 했었다. 하지만 자연분만을 기대했던 것과는 다르게 2일이나 촉진제를 맞고 진통을 했지만 자궁입구가 열리지 않아 급하게 수술을 결정했다. 그래도 난 척추마취를 해서 아기를 바로 안아

볼 수 있을 줄 알았지만, 거기서 또 문제가 발생했다. 마취를 하자마자 등 뒤로 뭔가 시원한 느낌이 나면서 귀가 윙하는 느낌이 들었다. 의사 선생님은 내 배를 만지며 소독을 하고 계셨는데 내가 귀가 이상하고 등 뒤가 시원해졌다고 하니 척추마취 부작용이라며 전신마취를 해야 한다고 하셨다. 그렇게 그냥 정신없이 난 전신마취가 됐고 깨어나서는 배만 아프고 자연분만도 못하고 아기도 안아보지 못했다는 속상함에 펑펑 울며 병실로 이동했다. 결국 아기는 다음날 소변줄을 끌고 가서 볼 수 있었다.

　제왕절개를 하면 자연분만과는 다르게 조금 더 길게 입원을 해야 한다. 지금도 그때의 일주일이 생생하게 기억이 난다. 지금 생각하면 산후우울증이 아니었나 하는 생각이 든다. 조그만 일에도 어찌나 눈물이 나던지 항상 눈이 퉁퉁 부어 있었다. 엄마는 눈 나빠진다고 울지 말라고 하셨지만 맘대로 안 되었다. 아기가 신생아 황달에 걸려 모유도 중단하고 면회도 금지되면서 하루에 한 번 밖에 아기를 볼 수 없어서 더 그랬던 것 같다. 조그만 아기 손에 주사가 연결되어있는 걸 보고 신랑과 나는 안 울 수가 없었다. 퇴원도 산후조리원으로 가야하는데 아기는 퇴원이 안 되어서 나만 하루 먼저 산후조리원에 입소하였는데, 누구 아기라고 써있는 아기 바구니에 내 아이만 비워져있어서 그날 지나갈 때 마다 울었던 것 같다. 병원에 있을 땐 아기가 면회가 안 되니 우울해져서 울다 다른 아기들 있는 곳이라도 가서 서성이며 보곤 했던 기억이 난다. 밤에는 잠이 안와서 병실 복도를 계속 걸어다녔다. 너무 불안하니 가만히 누워있지 못했던 것 같다. 아기와 엄마는 뱃속에서부터 그리고 태어나서도 무언가 한 몸으로 이어져 있는 느낌이다. 아기가 아프면 내가 아픈 것 보다 더 아프고 아기가 웃으면 내가 아파도 좋았다. 그렇게 본능적으로 엄마가 되어가고 있었다. 아기는 병원에서 무사히 퇴원했고 조리원에서도 가장 큰 키를 자랑하며 건강하게 퇴소하였다.

　생각보다 출산휴가 3개월은 빨리 지나갔다. 아이는 백일 만에 뒤집기도 하고 하루가 다르게 성장해갔다. 그리고 나에게는 출근을 할 시간이 다가왔다. 어린 아기를 두고 출근하기가 너무 힘들었지만 경제적으로 그리고 출산 휴가를 받은 이상 어느 정도는 근무를 해야 한다고 생각했기에 출근을 할 수 밖에 없었다. 일단 아이를 맡아줄 사람이 필요한데 양가 부모님은 사정 상 힘들었고 같은 아파트에서 일단 시터를 구해보기로 했다. 다행히 신혼 초에 이사왔을 때 알게 된 같은 층 아주머니가 우리 아기를 봐주시기로 했다. 다행히 같은 층이라 아침에 아기를 데리고 가기가 수월했다. 그리고 어린 조카 아기를 직전에 1년간 봐주기도 했다고 하셔서 안심이 되었다. 그래서 그 이모님 집에 가보니 어린아이 장난감이 꽤 있기도 했다.

　그렇게 출근한 나는 한마디로 멍 때리다 온 느낌이었다. 제왕절개를 해서 그런지 정신이 멍한 느낌이 많이 들었고 전과는 조금 다른 나를 느끼기도 했다. 그때도 3교대를 해야 했는데 특히 밤 근무 때에는 내가 밤에 출근을 하니 다음날 출근하는 신랑이 혼자 아기를 볼 수가 없어 내가 출근하기 전 저녁에 친정 엄마가 오셔서 봐주셨다. 하지만 아기가 클수록 밤에 엄마가 없으니 힘들어했고 간다고 인사하면 어린 아기지만 눈이 커지며 놀라는 느낌을 받았다. 친정엄마는 내가 속상할까봐 아기가 엄마 찾는다고 말씀은 안 해주셨지만 엄마인 나는 아이의 흔들리는 눈빛을 보고 본능적으로 느꼈다.

나와 동갑인 다른 동료는 출산휴가를 끝내고 바로 퇴사를 했다. 그 여파로 우리는 간호과장에게 하도 잔소리를 들어서 나는 힘들어도 바로 그만둘 수가 없었다. 그리고 같이 근무하는 병동 간호사들에게도 피해를 주고 싶지 않았다. 내가 임산부여서 배려를 받았기 때문이다. 일단 내 후임을 구할 수 있게 미리 말해줘야 했다. 결국엔 복직 후 10개월 후에야 그만둘 수 있었다.

출산을 하고 나니 전혀 다른 세상이 되었다. 모든 기준이 내가 아닌 아기 기준으로 돌아갔고 그게 당연했다. 하지만 그 세상이 피하고 싶은 세상은 아니었다. 아기로 인해 감동적이고 그동안 해보지 못한 다른 종류의 사랑을 하게 되었다. 그것은 큰 축복이었다. 일을 해서 돈을 더 많이 버는 건 그땐 의미가 없었다.

임신이 되면서부터 피부가려움, 온몸의 발진, 발열로 고생하며 3교대를 하다 살이 너무 쪄서 수면도 힘들고 결국엔 제왕절개를 해서 아기를 낳아 맘고생도 많이 했다. 하지만 힘들었던 임신과 출산의 경험은 어떤 어려움도 이겨낼 수 있을 것 같은 엄마의 강인함을 주었다. 내 안에서 태어난 소중한 아기를 돌보며 진정한 사랑과 행복을 느꼈고, 가족의 소중함을 깨달았다.

아기의 탄생은 내 인생에 새로운 문을 열어주었고, 또 다른 나를 발견하는 계기가 되었다. 밝기만 하고 세상 물정을 모르던 나는 그렇게 엄마가 되었다.

늘 가까이에 있는 죽음

김미진

또 잊고 있었다. 죽음이 이렇게 가까이에 있는 줄. 요양 병원에 계시던 외할머니가 돌아가셨다는 전화를 받았다. 2주 전부터 할머니의 건강이 급격히 안 좋아지셔서 가족들이 대기하고 있었다. 89세에 운명하신 할머니는 전라도에서 먼 경기도로 시집을 오셔서 무뚝뚝한 할아버지와 살며 평생 큰 소리 한 번 안 내시고 사셨다. 2남 2녀를 두셨고 아들을 끔찍이도 좋아하셨다. 그래서인지 손녀인 나에게는 큰 정을 주진 않으셨다. 그래도 할머니 집에 가는 것이 좋았다. 엄마가 좋아하니 나도 좋았고 손맛이 무척 좋으셔서 명절마다 내가 좋아하는 음식들로 가득했다. 할머니 빈소에서 친척들과 이야기를 나눠보니 할머니에 대해 다들 비슷한 기억을 갖고 있다. 말이 별로 없으셨던 할머니는 자녀들을 위해 늘 정성스럽고 맛깔난 음식으로 대접해주셨다. 그것이 할머니의 사랑 방식이었다.

내가 35년 동안 가까운 죽음을 목격한 것은 네 번이다. 양가 할머니와 할아버지 네 분의 죽음인데 가장 오래되었지만 기억에 남는 죽음은 친할머니가 돌아가셨을 때이다. 초등학교 6학년 때였다. 치매를 앓고 계신 할머니를 집에서 모셨다. 거동이 어려우셔서 늘 누워계셨는데 식사도 먹여드려야 했고 대소변도 받아야 했다. 집에서 2년 정도 함께 지냈는데 친정엄마가 고생을 많이 하셨다. 나는 부모님을 도와드리려고 내가 할 수 있는 일을 찾아서 했다. 진지를 잡수게 하고 팔, 다리를 주무르며 말동무가 되어드렸다. 할머니는 말을 못 하셔서 듣기만 하시고 눈만 껌뻑이셨다. 가끔 미소를 짓기도 하시고 눈에서 눈물이 흐르기도 했는데 어린 내가 보기에도 할머니가 안쓰럽고 힘들어 보였다. 그래서 더 자주 들여다봤다. 등교할 때는 꼭 인사를 드렸고 하교 때는 할머니에게 속마음을 털어놓았다. 주로 친구들과 싸우고 속상했던 일들이었다. 누워서 나를 쳐다보는 할머니의 눈을 보면 "힘들었지? 괜찮아"라고 말씀하시는 것 같았다.

평소와 같이 등굣길에 할머니와 인사하려고 방에 들어갔는데 그날은 다른 날과 달랐다. 할머니는 눈을 감고 계셨고 손을 잡아도 힘이 없어 밑으로 계속 떨어졌다. 손을 코에 가까이 대어보니 호흡을 하지 않으셨다. 직감적으로 할머니가 돌아가신 것을 알았다. 부엌에 계신 엄마를 부르고 출근하신 아빠에게 전화를 걸었다. 그리고 할머니 손을 잡고 천국에 가시길 기도하며 곁에 있었다. 어린 내가 임종을 지킨 것이다. 사람의 임종을 지키기는 쉽지 않다는데 아마도 할머니가 나를 보고 가시려고 기다리셨던 걸까.

20년이 지난 지금도 그때의 기억이 생생하다. 매일 생활하는 공간에서 맞이한 할머니의 죽음은 고요했다. 충격적이진 않았지만 죽음이 가깝게 느껴졌고 매일 옆에 계시던 할머니가 한순간 사라져 어린 나의 마음을 불안하게 했다. 그 무렵 한동안 부모님께서 늦은 시간까지 돌아오지 않으시면 혹시 사고라도 난건 아닌지 집 주변을 서성이며 부모님을 기다렸다. 곁에 있는 소중한 이를 잃어버릴까 마음이 불안했던 것 같다.

다시 한 번 죽음을 가까이에서 마주하니 삶에 대해 고민이 많아진다. 그동안 나는 현재 삶의 만족도를 중시하며 살아왔다. 소확행(소소하지만 확실한 행복), 욜로(You Only Live Once의 앞글자를 딴 용어로 현재 자신의 행복을 가장 중시하며 소비하는 태도) 같은 용어처럼 타인과의 관계나 미래를 위한 투자보다는 현재의 삶의 가치를 추구했다. 하지만 할머니의 죽음을 맞이하니 정신이 번쩍 든다. 죽음을 앞두고 결국 남는 것은 순간의 쾌락이 아닌 보이지 않는 가치와 문화 그리고 그것을 누리는 사람이다. 사람은 영적인 동물이라고 하는데 사람답게 살기 위해서는 잘 먹고 잘사는 것 외에 눈에 보이지 않는 영적인 가치가 필요하다. 할머니가 해주신 음식을 먹고 자란 자녀들이 성장하여 또 그들의 자식들을 먹이고 사랑하며 살아가는 것. 서로의 영과 정을 나누는 것. 그것이 인간이 인간답게 살아가는 것이고 인간이 존재하는 이유이다. 이것을 알게된 후로 사람을 살리기 위한 나의 작은 실천은 대구의 노숙자들을 위해 매달 달걀을 보내는 일이다. 한 교회를 통해 이 사역을 알게 되었고 함께 하게 되었는데 얼굴도 뵌 적 없는 분들이지만 조금이나마 도움이 되었으면 좋겠다. 앞으로도 내 삶 속에서 함께 나눌 기회들이 많아지길 바란다.

아일랜드 작가 버나드 쇼의 묘비에는 유명한 묘비명이 있다. '우물쭈물하다가 내 이럴 줄 알았지'라는 문장인데, 잊고 살다가 또 아차 싶다. 시간은 누구에게나 공평하게 주어진다. 이 시간을 더욱 가치 있는 일로 채우며 살아가야겠고 내가 만나는 이들에게 기쁨을 주는 삶을 살아야겠다고 다짐한다. 격동의 시기를 지나고 있는 나의 30대 중후반을 성실하고 가치있게 잘 준비하여 죽음이 가까워졌을 때 후회 없는 삶을 살다 갔노라 이야기하고 싶다.

치열했지만 행복하고 따뜻했던 고척동

이복선

"집주인이 집을 내놓을 건가봐요, 집주인이 바뀌면 이사 가야 할지도 모르는데, 집을 알아봐야 하나 막막하네요."

퇴근 후 아이를 데리러 갔다가 이모님과 같이 차 한 잔 하면서 어렵게 말을 꺼냈다. 현재 이집에서 살고 싶은 맘에 나도 모르게 말을 꺼낸 것이다. 그 당시 주변 전세 시세가 너무 올라서 어찌 할 바를 모르고 있었다.

우리 집은 608호. 아이를 봐주시는 이모님은 605호다. 처음 신혼 때 도배,장판을 새로 하는 날부터 같은 층이라며 인사해주시고 우리 집을 구경하시고 가셨던 분이다. 부녀회장님의 포스가 뿜뿜 나오시는 분이셨다. 아이가 백일이 지난 후 난 복직을 해야 해서 급하게 아이 봐 주실 분을 찾느라 아파트 게시판에 프린트한 A4용지를 붙여 놓았다. 그날 저녁 이모님은 그 종이를 뜯어 오셔서는 본인이 봐 주겠다 하셨다. 그래서 이야기를 나눠보니 몇달 전까지 어린 조카를 1년 동안 봐주셨고 그래서 아직 조카가 갖고 놀던 장난감과 유아용품이 많다고 하셨다. 이야기를 하다 이모님집에 방문을 했는데 집도 우리집보다 넓었고, 살림과 아기 장난감도 깨끗하게 정돈된 집이였다. 무엇보다 같은 층이라는게 매력적이었다. 그래서 우리 부부는 안심하고 맡길 수 있었다.

그 아파트는 복도식 아파트였다. 내 집은 중앙 즈음 있었고 그 이모님은 가장 안쪽에 있었다. 워낙 가까우니 출근 전 잠든 아이를 이불에 싼 채로 뛰어가기도 했었다. 아이가 백일부터 돌까지 약 8개월간 봐주셨다. 그 후 내가 병원 일을 쉬다가 아이가 3세부터 다시 일을 시작했는데 다시 그때부터 7살까지 봐주셨다. 그래서 아이도 민지할머니라 부르며 진짜 할머니처럼 잘 따랐다. 오랫동안 봐주셨기 때문에 아이를 데리러 갔다가 밥을 먹기도 하고 차도 마시면서 이런저런 얘기를 많이 했었다. 이번엔 진짜 일이 생겨서 고민을 말하게 된 것이다.

어느 날이었다. 갑자기 집주인에게서 전화가 왔다. 집을 내놓아야 할 것 같다며 좀 싸게 줄테니 우리보고 살 수 있으면 사라고 했다. 하지만 난 그때 집 청약당첨이 된 상태로, 아이가 1학년쯤 이사를 앞둔 상태라 다른 집은 매매를 할 수 없는 상황이었다. 누군가 이 집을 매매해서 집주인이 바뀌면 우리가 이 집을 나가야 할 상황이 생길 수가 있기 때문에 부동산에 들려 주변 빌라 전세시세를 알아보려 다녔다. 몇 년 전보다 오른 가격에 놀랐고, 막상 갈만한 집이 없는 것 같아 너무 걱정이 되었다. 새 아파트로 이사 가려면 2년은 더 있어야 했다. 2년 때문에 이사비용을 들여서 이사하기도 싫었고 지금 살고 있는 집이 여러모로 좋았다. 난 너무 걱정이 되고 심란해서 퇴근하고 아이를 데리러 갔다가 이모님 집에서 고민을 말했던 것이다. 집주인이 집을 팔려고 한다고 말이다. 그때 이모님은 내 이야기를 들으며 무언가 고민하시는 듯 했다. 그걸 보며 이모님도 우리가 이사를 가면 아이 봐주는 비용을 못 받게 되니 조금은 타격이 될 것 같다는 생각이 들었다. 그래서 고민하시나보다 했었다.

그렇게 1~2주가 지났다. 그날은 내가 쉬는 날이라 아이를 유치원에 보내고 집에서 쉬고 있었다. 갑자기 이모님이 집에 오셨다.

"지후 엄마야, 집주인 전화번호 좀 줘 봐."

난 눈이 동그래져서 말했다.

"네? 저희 집주인이요? 왜요?"

이모님은 아무렇지 않게 말씀하셨다.

"응, 이 집 내가 사려고, 결혼 안 한 아들이 있어서 미리 대비해 두려고 하는거야."

순간 놀랐지만 다행이라는 생각으로 마음이 편해졌다. 이사를 안 가게 될 수도 있다는 생각에 기분이 너무 좋아졌다.

그 후 번호를 받아 가신 이모님은 정말 내 집주인이 되셨다. 사람 인연은 참 신기하기도 하고, 또 그 인연에 감사한 마음이 들었다. 그리고 아무 생각 없이 그냥 털어놓은 고민이 이렇게 해결이 되나 하는 생각에 말하길 정말 잘했다는 생각이 들었다.

인생은 정말 새옹지마인가보다. 집주인이 바뀌면 내가 나가야 해서 이사할 집을 알아보다 주변 시세에 너무 막막해서 말했을 뿐인데 오히려 이모님이 집주인이 되다니 나에겐 더 감사한 일이었다. 전 집주인분들도 전세금을 많이 올리지 않아 오래 살 수 있었는데 이모님은 2년 후 이사나갈 때도 너희가 원할 때 아무 때나 나가라고 해주셨다. 사실 아이를 봐주시기도 했지만 약간 시어머니 같기도 했다. 아들만 세 명 있는 집이라 아이 아빠 입장에서 많이 생각해 주시기도 했기 때문이었다. 남자들은 다 그런다고, 네가 이해하라고 말해주시기도 하셨기 때문이다. 하지만 또 진짜 이모 같을 때도 있었다. 내가 쉬는 날이면 갑자기 오셔서는 본인 손주들이 왔다며 아이를 데려가서 같이 놀게 할 테니 넌 쉬라고 쿨하게 말씀하시며 가시곤 했다. 그리고 때마다 김치를 하셔서 자주 김치를 주셨다. 너무 많이 주셔서 친정에 드리기도 했었다. 그럴 때마다 친정집에서는 너무 맛있다고 하셨었다. 이런 분이 내 진짜 이모라면 좋겠다는 생각을 자주 했었다. 내 진짜 이모는 시골에 계시고 연세가 엄마보다 많으셔서 자주 볼 수 없었기 때문이다.

고척동의 내가 살고 있던 아파트는 한 동이라 누가 어디 사는 지 경비 아저씨가 다 알고 계셨다. 가끔은 내가 퇴근하고 오면 아파트 들어가는 입구에서 아이와 이모님이 같이 간식을 먹으며 경비 아저씨와 같이 있기도 했었다. 아이에게 경비실은 쉼터이기도 했다. 대단지 아파트에서는 사실 그렇게 하긴 어렵다. 하지만 경비실에 대한 아이의 긍정적인 경험으로 후에 친정엄마 아파트에서 산책 중에 길이 엇갈려 아이를 잃어버렸는데 아이가 경비실에 뛰어가서 내 번호를 말해줘서 찾을 수 있기도 했다. 아이에겐 경비실이 친숙한 곳이었던 것 같다. 아파트 할머니들도 자주 경비실 옆쪽에 삼삼오오 앉아 마늘이나 채소를 다듬으며 출근하는 나에게 인사를 해주시곤 했었다. 가끔 이모님이 유모차를 태워 할머니들과 같이 경비실 앞에 있기도 했었다. 덕분에 우리 아이가 어렸을 적에는 많이 울기도 했다. 머리 흰 할머니를 보고는 무서워서 자주 울었기 때문이었다. 하지만 조금 크니 울지는 않았다. 언젠가는 경비아저씨랑 이모님이 아이를 데리고 아파트에 예쁘게 꽃 핀 화단에서 아이 사진을 찍어 액자를 만들어 주시기도 했다. 지금 아파트에서는 상상할 수 없는 정겨움이다. 아파트가 한 동이라 놀이터도 한 개였는데 그 곳에서 아파트 아이들과 근처 주택에 사는 아이들이 함께 놀곤 했었다. 매일 같은 애들이 나오니 형 동생 할 것 없이 친해졌다. 두발 자전거도 같은 아파트 형 자전거를 타다 바로 배웠다. 서울에서는 느끼기 힘든 정이 가득한 아파트였다. 지금 중학생이 된 아이도 예전 10년을 살았던 고척동 아파트를 잊지 못한다.

한 곳에서 10년간 살기도 힘든데 그렇게 살면서 참 좋은 기억이 많다는 건 너무 감사한 일이다. 그곳에서 이사 나가던 그 마지막 날도 잊을 수가 없다. 이모님이 마지막까지 아파트 앞까지 나와서 인사해주셨다. 나는 눈물이 날 것 같았지만 꾹 참았다. 한 번 울면 너무 많이 울 것 같았고, 또 난 집을 사서 가는 것이니 울지 말자 생각했기 때문이다.

아이가 다녔던 어린이집도 정말 많은 도움이 되어 주셨다. 내가 보내고 싶었던 어린이집이 꽤 거리가 있지만 꼭 보내고 싶은 환경이었다.

하지만 운전을 못하는 나는 차량 지원이 필요하다고 어린이집 원장님과 상담을 했다. 그래서 원장님 남편분이 출근하시면서 개인차로 우리를 픽업해 주셨다. 우리집 아파트 입구에서 우리를 픽업해서 어린이집 아파트로 가서 지하 주차장에서 대기하시다 내가 아이를 들여보내고 지하로 가면 다시 나를 태워서 버스정류장까지 매번 데려다주시고는 가셨었다. 그냥 가겠다고 해도 가는 길이니 꼭 타라고 괜찮다고 해주셨다. 그렇게 2년을 다니고 5세반이 없어서 다른 유치원으로 옮겼지만 그곳 어린이집도 너무 감사하게 다녔었다. 부천으로 이사 와서도 너무 감사한 마음이 들어서 아이가 초등 고학년 때 다시 찾아가서 인사를 드렸었다. 고학년이 되어 많이 큰 아이를 보며 뿌듯해 하셨다.

지금 생각해 보면 나의 30대는 고척동에서의 정다운 기억으로 가득하다. 무수히 많은 일들이 일어났었다. 아이를 그곳에서 낳았고, 치열하게 일하기도 했고 육아에 지쳐서 저녁밥을 못먹고 졸기 일쑤이기도 했다. 그래도 아이를 봐주시는 이모님 덕에 그리고 좋은 이웃분들 덕에 육아도 잘할 수 있었고, 무사히 이사를 나올 수 있었다. 그곳에서는 하루하루가 바빴던 기억이 많이 난다. 그 당시 여유가 없어서 주변분들에게 좀 더 감사 표시를 했었어야 하는데 못한 것이 아쉬운 맘이 든다. 그때는 그냥 하루하루 벌어지는 상황에 대처하기 바빴다. 하지만 그러다 보면 좋은 인연도 만나고 좋은 일도 일어나게 된다. 좋은 일만 일어났던 건 아니지만 아직도 우리 가족에겐 고마운 집이었다. 그땐 몰랐지만 지금 생각해보면 참 어리숙했던 30대였다. 하지만 어려운 일에 절대 포기하지 않았다. 치열하고 바빠서 매번 아등바등 했지만 소중한 인연들이 나를 성장시켰던 그리고 소중한 추억으로 가슴이 따뜻했던 30대의 고척동이였다.

아이와 엄마와 어른

이진아

내가 술 마시고 제일 잘한 짓은 거실에 있던 TV를 없앤 것이다. 아이의 교육 때문에 심사숙고해서 내린 결정은 아니다. 순전히 술김에, 홧김에 벌인 일이다. 밤 11시를 넘긴 시간, 내가 재미있게 보던 드라마가 클라이막스를 향하고 있었다. 아이는 칭얼대며 졸린 눈을 비볐다. 안방 침대에 누워 갤럭시탭으로 유튜브를 보고 있던 남편에게 아이를 재우길 청했지만 "내가 자라고 한다고 자냐" 한마디만 했다. 그 말을 듣는 순간 화가 부글부글 끓어올랐다. '내가 내 마음대로 좋아하는 드라마도 못 보나, 저 인간은 아이를 데리고 들어가 같이 눕는 시늉이라도 할 수 없는 건가.' 안방 방문을 주먹으로 쾅 치며 남편에게 "너는 $%@#R$@#%^&$@..." 소리를 지르며 끝장을 보고야 말겠다는 마음으로 싸움을 걸었지만 나를 쳐다보지도 않는 노골적인 무시에 진도가 안 나갔고, 주먹을 휘두르며 소리를 낸 것이 무색하게 뒤로 물러나야만 했다. TV를 던져 박살을 내고 싶었지만 만취는 아니었나 보다. 부숴버릴 용기는 없고 "TV 없애버려!!!" 기합 소리를 응원 삼아 65인치 TV를 번쩍 들어 안고서 눈앞에서 치워버렸다. TV를 해치우고 나니 이번에는 바닥에 널려있는 아이의 장난감이 눈에 들어왔다. "정리 안 할 거면 다 버려!!!" 힘들게 조립했던 완성 레고가 발에 차였다. 쓰레기봉투를 들고 와 곧 울 것만 같은 표정을 하고 있는 아이를 향해 모조리 버리겠다는 공갈 협박을 하며 쓰레기봉투에 쓸어 담았다. 아이는 울면서 잠이 들었다.

다음 날 아침, 2박 3일 일정으로 떠났던 아이 초등학교 입학 기념 우리 가족의 제주도 여행은 엉망이 되었다. 그 밤의 분노는 어디에서 시작된 걸까. 분노의 이유와 방향은 정당했을까. 제일 큰 상처를 입은 피해자는 졸린 눈을 비벼 대던 아이였다. 나의 육아는 이런 식이었다. 나는 지금 힘든 육아를 해내고 있는 중이라며 아이에게 화를 내는 것을 합리화하고 내 기분 내키는 대로 키웠다. 잘못된 행동이라는 자각을 했지만 감정 조절이 되지 않았다. 아이를 사랑한다고 하면서 불같이 화를 냈고, 아이가 행복하길 바라면서 소리를 질렀다. 아이는 엄마인 나 때문에 외로워했고, 불안해했다. 아이는 점점 자신감과 자존감을 잃어갔고 결국 아동심리발달센터에서 미술치료를 시작으로 사회성 훈련, 놀이치료를 받고 더딘 속도지만 긍정적인 자아상을 다시 만들고 있다.

엄마인 나도 심리 상담 모임에서, 부모 교육 강의장에서, 책을 통해 바람직한 엄마상에 부족한 점이 무엇인지, 필요한 자질을 공부하며 채워 나가고 있다. 변화의 시발점은 우연히 참여한 집단 상담 프로그램 중 만난 '히스테리'라는 단어였다. 처음 만난 6명의 참여자 앞에서 어린 시절을 이야기하며 울컥하여 울었다가 웃기를 반복했다. 감정의 전환이 너무 빨라 울다 웃는 내 모습이 이상했다.

"감정 기복이 심해요."

답변을 기대하고 한 말이 아니었지만 상담사는 코멘트를 덧붙였다.

"자녀를 양육하는 중 어머니의 성장 과정이 연관되어 히스테리로 표출되는 것입니다."

평상시 급격하고 과도한 감정 표현이 한 단어로 정의될 수 있다는 것이 신기했다. 노처녀도 아닌 내가 히스테리 범주에 들어가게 될 줄은 몰랐다. 의아해서 찾아본 '히스테리'는 자궁을 뜻하는 고대 그리스어 히스테라(Hystera)에서 유래했고, 정신적, 심리적 갈등으로 인해 발생하는 신경증을 뜻하며, 이상 성격을 의미하기도 한다고 되어있었다. 아이는 이미 지나온 나의 성장 과정을 떠올리게 했고 그때의 나를 불러들였다. 어린 시절의 나와 엄마인 나 사이, 분노의 출처를 알게 된 것은 관계 회복과 치유의 시작이었다. 내가 부리던 히스테리가 애착 형성의 어려움에서 비롯된 나의 정신적인 문제라는 것을 알게 되자 어느 부분을 짚어야 하는지 조금씩 감이 왔다.

나와 아이를 들여다볼 시간도 충분히 주어졌다. 아이가 초등학교에 입학하고 육아휴직을 낸 이후 시간적 여유가 생겼다. 이후 나는 책과 부모 교육을 통해 해소되지 않은 '내면 아이'라는 단어를 접하게 되었고, 히스테리라는 개념은 내가 거쳐왔던 성장 과정 중 불편하고 해결되지 않은 지점과 닿아있다는 것을 구체화된 사례를 통해 공부했다. 과거의 나는 어른이 된 내 안에 웅크리고 있다가 타인의 말과 행동에 종잡을 수 없는 발작을 일으켰다. 내면 아이의 존재를 인지한 후 육아가 길을 찾은 것처럼 보였다. 어느 지점에서 순간적인 감정을 이기지 못해 화를 내는지, 어떤 말과 행동에 끓어오르는 화를 주체 못하고 소리를 지르는지 알게 되었다.

아이를 잘 키우려면 내면 아이의 존재를 인정해야 한다. 내면 아이의 해소되지 않은 감정이 시도 때도 없이 불쑥 치밀어 주체가 안 되는 데시벨의 분노가 터지기 전에 내면 아이의 감정을 읽어주고 잘 다독거려야 한다. 나는 42살의 어른 안에 유치하고 불쌍한 8살의 내면 아이를 품은 채 미숙한 어른으로 성장했고 엄마가 되었다. 도서관 강좌에서 들은 "부모의 나이는 자녀의 나이와 같다"라는 말은 아들과 내가 분리되지 않아 8살 아이가 받은 놀림이나 무시가 나를 향한 것 같이 느껴지고, 상대방에게 어떻게 대응해야 하나 머릿속으로 유치하게 궁리하던 내 모습을 이해하는 데 도움이 되었다. 덜 성장한 미숙한 어른은 눈앞의 내 자식보다 내 안에 있는 나를 사랑해서 아이의 감정보다 나의 감정에 더 치중했다. 감정을 다스리지 못하고 나의 시절과 아이의 시절을 넘나들며 비교하고 아이를 질투하고 시기했다. 내면 아이가 가지고 있는 해소되지 않은 초감정을 깨닫고 그걸 딛고 넘어서 성숙한 어른이 되어야 아이의 올바른 성장을 도울 수 있다.

성숙한 어른이 되고자 아이의 눈과 뒤통수를 바라보며 주문처럼 되뇌는 말이 있다. 그때의 나는 너에게 왜 그랬을까? 그때의 나는 왜 너를 안아주지 못했을까? 미안함과 애틋함이 가득 담긴 '그때의 나는…'이라는 말은 나보다 아이를 먼저 생각할 수 있게 해 준다.

"과거로 돌아가고 싶습니까?"라는 질문에 나는 1초도 망설이지 않고 "아니오"로 대답해 왔다. 행복했던 기억이 머물지 않는 곳이라면 돌아가야 할 이유가 없었다. 이제는 대답이 바뀌었다. 돌아가고 싶은 날들이 생겼다. 나의 시간이 아니라 아이의 시간으로 돌아가고 싶다. 내가 사랑받고 싶은 시절이 아니라 아이가 행복할 수 있는 시절로 돌아가고 싶다.

Part 5

쓴맛이 여운처럼 남은 계절

나 혼자 큰 줄 알았다.

김미진

나에게는 다섯살과 9개월 된 아들이 있다. 저출산 시대에 아들 둘을 키우고 있다고 하면 잘했다는 칭찬과 함께 아들 둘은 힘들겠다며 위로의 말을 듣는다. '영혼을 갈아 넣는 육아'라는 말이 나올 정도로 육아는 어렵다. 마치 나의 젊음과 생기를 빼앗기는 것 같다. 실제로 둘째를 낳고 나서 뼈마디가 아프고 눈그늘이 진해졌으며 흰머리 10개가 늘었다. 신체적 변화는 당연하고 정신적 어려움도 상당한데 한 마디로 자유가 없다. 가고 싶은 곳에 못 가고 하고 싶은 일을 못 한다. 하루 일정이 모두 아이 위주로 짜여있기 때문에 나의 의지대로 움직이는 것은 상상하기 어렵다. 대표적인 예로 오후 4시에 길거리에 나가보면 기관에 맡긴 아이를 데리러 가는 엄마들의 모습을 쉽게 볼 수 있다. 엄마들은 이런 모습을 '애데렐라'로 표현한다. (자정이 되면 집에 돌아가야 하는 신데렐라처럼 하원 시간에 맞춰 이동하는 어머니의 모습을 '애데렐라'라는 단어로 재미있게 표현함) 유별나게 잘해주는 것도 아니고 특별하게 키우려고 하는 것도 아닌데 아이 우선으로 살게 된다. 정신없이 아이를 키우다 보면 나는 뒷전이 되어 밥때를 놓치거나 스스로 돌볼 여력이 없는데 그때마다 친정엄마 생각이 난다.

인생사 중 가장 큰 복은 부모 복이라고 한다. 나는 정말 좋은 부모를 만났다. 부모님을 생각하면 따뜻한 눈빛과 부드러운 손길이 생각난다. 밥을 다 먹을 때까지 쳐다봐 주시던 따뜻한 눈빛과 아플 때 쓰다듬어 주셨던 부드러운 손길. 잠이 들기 전 이마에 손을 대고 기도해주시던 음성과 손잡고 산책하던 장면이 기억난다. 자녀들에게 짜증 한 번 부리지 않으시고 묵묵하게 자기 역할에 최선을 다했던 엄마와 자상하고 따뜻하며 늘 가르침을 주시던 아빠는 내 인생 최고의 복이다. 부모님이 보내주신 지지와 사랑 덕분에 인생의 큰 고비를 넘긴 적도 많다.

초등학교 6학년 때의 일이다. 또래들 사이에서 도둑질이 유행하듯 번졌다. 학교 앞 문구점에 우르르 몰려가 학용품을 훔쳐서 서로 교환하고 자랑하며 놀았다. 어느 날은 제일 친한 친구에게 선물을 주려고 필통을 훔치려다가 문구점 사장님께 딱 걸리고 말았다. 그 사장님은 부모님의 가까운 지인이셨다. 손해를 입으신 사장님은 물질적인 배상만 원하셔도 되었을 텐데 마치 나를 딸 혼내듯 엄하게 훈육하셨고 결국 엄마를 호출하셔서 나를 데려가라고 하셨다. 아마도 어른으로서 가까운 지인으로서 다신 그러지 못하게 가르침을 주고 싶으셨던 것 같다. 그렇게 엄마와 함께 집으로 돌아가는 길은 너무나 멀고 외로웠다. 집으로 돌아온 엄마는 다른 말씀은 안 하시고 반성문을 적어오라고 하셨다. 그 후 더 질책하지 않으셨고 두 번 다시 말씀하지 않으셨다. 나는 부모님을 실망하게 했다는 사실에 죄송함과 수치스러움을 느꼈다. 한편으로는 내가 잘못해도 나를 여전히 사랑해주시는 부모님의 마음에 감사함을 느껴 다시는 그런 짓을 하지 않았다.

또 한 번은 성인이 되어 해외로 나가 봉사활동을 하던 중에 그곳에서 함께 일하던 스태프와 불미스러운 일로 엮이게 되어 일정보다 빠르게 입국하게 되었다. 몸과 마음이 지쳐 입국하는 딸을 위로하기 위해 늦은 밤 공항으로 직접 마중 나온 아빠를 보니 안심이 되었고 그 품이 참 따뜻했다. 아빠의 환영을 받으며 입국해서 집에 도착했다. 서서히 일상에 적응하는데 시간이 지날수록 사람도 만나기 싫고 만사가 귀찮아서 혼자 있고 싶었다. 지금 생각해보니 대인기피증이었다. 왜 나에게 이런일이 벌어졌을까 되뇌고 곱씹고 우울한 시간을 보냈지만, 그때에도 내 곁에는 부모님이 계셨다. 밥을 차려주시고 한 번씩 들여다보시며 딸의 안부를 물어오셨다. 그렇게 시간이 흘러 괜찮아졌다.

시간이 흘러 괜찮아진 일이 어디 한두 번일까. 사람들은 어려운 일을 당한 이에게 '시간이 약'이라는 말로 위로를 건넨다. 텁텁하게 들리지만 힘든 시간이 지나면 무뎌지고 괜찮아진다는 사실이다. 하지만 그 수 많은 시간 속에 내 옆을 지켜주던 사람들의 시간까지 포함되어 있는지 미처 몰랐다. 혼자 지냈다면 힘들었을 텐데 부모님 덕분에 아픈 줄도 모르고 감기처럼 지나갔다. 이렇게 부모님의 시간을 먹으며 건강하게 자란 내가 아이 둘을 키우고 있다.

아이를 키우며 여전히 부모님의 도움을 받는다. 첫째는 엄마가 거의 키워주셨다. 꿈 많은 딸을 응원해주기 위해 왕복 2시간 거리를 매번 다녀가시며 아이를 돌봐주셨다. 지극히 모셔도 부족하지만, 아직도 엄마에게 투정을 부린다. 내가 아이에게 밥을 먹여주면 엄마는 나의 밥을 챙겨준다. '내리사랑'이라는 말이 이런 건가 싶었다. 아무리 노력해도 부모님의 사랑에는 보답하기 어렵다.

오랜만에 친정집에 내려갔다. 그동안은 몰랐는데 부모님의 시간이 훌쩍 지나고 있는 듯했다. 처음 이 집에 이사 올 때는 모든 것이 새것이었고 부모님도 젊으셨는데 결혼하고 친정집에 가보니 늙어가는 집과 세월의 흔적이 담긴 가구들이 보인다. 액자 속 주름 없는 부모님의 모습만 그대로이다.

세월의 빠름에 아쉬워하며 다시 일상으로 돌아온다. 오늘은 큰마음을 먹고 아이 둘을 데리고 동물원 나들이를 갔다. 계획했던 일 들이 마음처럼 되지 않는다. 아이들의 몸 상태에 맞추다 보니 다섯 번 정도 계획이 바뀌었고 온갖 짜증과 괴성이 뒤섞인 하루였지만, 이 정도 일은 일상다반사니까 괜찮다.

아이를 기르니 내가 자란다. 속상한 일이 있어도 속으로 삼키고 힘들어도 묵묵히 버티며 내가 가진 사랑을 가득 담아 아이에게 부어준다. 내가 느꼈던 부모님의 사랑이 내 아이의 삶 속에 흘러 들어가서 스며들길. 또 그 사랑이 아이의 마음에 가득 담겨 흘러넘치기를 바라며 오늘도 따뜻한 눈빛과 부드러운 손길로 함께 시간을 보낸다.

서있는 위치에 따라 보이는 풍경은 달리 보인다.

박주헌

"찢기는 가슴 안고 사라졌던 이 땅의 피울음 있다. 부둥킨 두 팔에 솟아나는 하얀 옷의 핏줄기 있다."

군중 앞에 서 있는 사람이 부르는 노래를 나도 열심히 따라 불렀다. 대학교 때 어설프게 배운 민중가요를 졸업 이후 다시 부르게 될 줄은 몰랐다.

첫 직장으로 온라인 게임 회사에 입사했지만, 2년 만에 회사가 망하며 실업자가 되었다. 다시는 망하는 회사에서 일하고 싶지 않아 튼튼한 회사로 이직하고자 마음먹었다. 그러나 내 학벌과 경력으로는 좋은 회사에 바로 입사하기 어려웠고, 경력을 쌓은 후 옮겨 가겠다는 목표를 세웠다. 이를 위해 찾은 곳이 금융 회사에 인력을 파견하는 전문 업체였다. 실제 근무지는 증권 IT회사였고, 금융 경력을 쌓을 기회라고 기대하며 이력서를 제출했다.

며칠 뒤 면접 제안을 받았다. 1차 면접은 파견 회사에서, 2차 면접은 실제로 근무하게 될 증권 IT 회사에서 진행되었다. 담당자는 2차 면접이 더 중요하다고 말했다. 비정규직 채용이었지만 그곳에서의 경력이 큰 도움이 될 것 같아 적극적으로 면접에 임했고, 결국 합격 통보를 받았다.

입사 후 알게 된 것은 이 회사가 공기업 특성을 지닌 신의 직장이라 불릴 만큼 급여와 복지가 뛰어나다는 사실이었다. 물론 정규직일 경우였다. 비정규직과의 처우 차이는 확연했다. 현장에 배치되었을 때, 나이 지긋한 동료들이 "형님!" 소리를 주고받는 모습을 보며 정이 넘치는 분위기를 느꼈다. 정규직과 비정규직의 구분 없이 업무를 나누고 회식과 동호회 활동도 함께했다. 서로를 "형님", "아우"라 부르며 가족처럼 지냈다. 덕분인지 몰라도 처우 차이가 있다는 사실은 문제가 되지 않았다.

그러던 어느 날, 근로자 보호법이 강화되어 '2년을 초과한 비정규직은 직접 고용해야 한다'는 법이 시행되었다. 선배들은 정규직 전환에 대한 기대를 품었지만, 회사는 고용 전환이 불가능하다는 입장을 밝혔다. 2년 이상 근무한 직원들은 계약 해지나 재계약을 강요받는 위기에 놓였다. 그 후 사무실의 분위기는 급격히 변하기 시작했다. 파티션의 높이가 올라가고, 비정규직 리더가 업무를 조율하며 정규직과의 소통이 줄어들었다. 선배들은 하나둘씩 회사를 떠났고, 서로의 정마저 희미해졌다.

하루는 선배가 비정규직 직원들을 회의실에 모아 노동조합 결성을 제안했다. 그는 직접 고용을 목표로 삼고 노조 가입을 독려했다. 처음엔 별다른 생각이 없었기에 노조가 낯설고 불편했지만, 선배들에게 힘을 보태야 한다는 사명감에 나를 포함한 모두가 가입하게 되었다. 이후 우리는 민주노총에 가입해 노조 활동을 배우고, 다른 노동조합 집회에 참여하며 연대의 의미를 체감했다.

특히, 대형마트 직원들의 집회에 참여했던 날이 인상 깊었다. 경찰과 용역 직원들에게 둘러싸여 있던 여성 노동자들이 우리가 도착하자 눈물을 흘리며 환호했다. 그 경험을 통해 노동자 간 연대의 중요성을 이해하게 되었다.

그러나 투쟁은 예상보다 길어졌고, 주말마다 집회에 참석하며 피로감이 누적되었다. 회사의 태도는 변하지 않았고, 정규직 동료들은 점점 우리를 외면했다. 예전엔 애칭을 부르며 정을 나누던 사이였지만, 이제는 "정식 전형 없이 정규직을 노리는 파렴치한"이라며 비난하는 소리도 들려왔다. 서로의 감정은 걷잡을 수 없이 악화되었다.

어느 날, 나는 스스로에게 물었다. "내가 왜 여기까지 온 거지?" 원래 나의 목표는 이런 것이 아니었는데, 어느새 목표를 잊고 투쟁에 휩밀린 나 자신을 발견하게 되었다. 명분이 없었던 내 미움은 그렇게 멀어지고 있었다. 그러던 중 회사로부터 제안을 받았다. 젊은 직원들은 일터로 복귀해달라는 요청이었다. 다른 젊은 동료들과 진솔한 대화를 나눈 끝에 우리는 노조를 탈퇴하기로 결정했다. 선배들은 크게 실망했지만 우리의 선택은 변하지 않았다. 결국 선배들만 남은 노조는 점점 힘을 잃고 해체되었다.

돌아온 선배들과 다시 업무를 하게 되었다. 같은 사무실, 같은 사람들이었지만 이제는 모든 것이 달라져 있었다. 사무실은 자신의 업무만 하는 적막강산 그 자체였다. 더 이상 여기에 남아 있을 이유는 없었다. 얼마 지나지 않아 나는 조건이 더 좋은 직장으로 이직하게 되었다. 회사를 떠나며 나는 많은 것을 배웠음을 느꼈다. 환경과 요행에 기대지 않고 스스로 목표를 이루어야 한다는 것을 뼈저리게 느꼈다. 또한 사람 간의 관계도 환경에 지배될 수 있다는 사실도 알게 되었다.

한동안 나는 현실을 외면한 채 스스로 세운 목표도 잊고 지낼 정도로 안일하게 살고 있었다. 환경이 내 마음을 변화하게 한 것이다. 상황이 나를 그렇게 이끌었으나 요행을 바랐던 마음도 한몫을 했던 것이다. 결국 요행은 현실의 벽을 넘지 못했다. 그 벽은 높고 냉혹했기 때문이다.

이후에도 치열했던 삶의 현장에서 여지없이 환경이 바뀌면 사람이 변하는 경험을 종종 하게 된다. 하지만 경험을 통해 더 이상 환경에 휘둘리지 않을 수 있었고, 유연하게 마음의 요동을 제어할 수 있게 되었다.

그렇게 한 차례 폭풍우를 겪은 후, 나는 어떤 충격에도 쉽게 흔들리지 않는 사람이 되었다.

돈, 왜 나를 비껴가지?

김미진

통장에 잔고가 0원이다. 육아로 잠시 일을 쉬고 있어 수입이 줄어들 것은 예상했지만 눈으로 직접 보니 꽤 충격이 크다. 30 평생 살아보니 돈이 나를 좋아하는 것 같지는 않다. 그도 그럴 것이 나도 돈에 별로 관심이 없었고 돈의 필요성을 못느꼈다. 그래서인지 돈을 벌 수 있는 기회도 나를 비껴간다. 때는 지금으로부터 10년 전. 2014년 11월에 결혼을 하고 전세 아파트를 구했다. 내 나이와 비슷한 오래된 아파트였다. 알고 보니 재개발 이슈가 있어 동네 사람들은 혹여나 일이 잘못될까 쉬쉬하며 대기하고 있었다. 친하게 지냈던 아주머니께서 "이 동네에 조만간 재개발 들어가니까 작은 평수라도 분양받아 놔!"라고 귀띔을 해주셨다. 그때는 그냥 한 귀로 흘렸는데 그 아주머니 말씀이 맞았다. 얼마 지나지 않아서 재개발이 확정되었고 손쓸 틈 없이 돈을 벌 수 있는 첫 번째 기회는 날아가버렸다. 10년이 지난 지금 그 동네에 가보면 내가 살던 아파트는 철거되고 대단지 프리미엄 아파트가 올라가고 있다. 또 한번은 코로나 이슈가 터지면서 세상이 뒤집어셨다. 지금은 코로나가 일상화 되었지만 그때 당시 사람들은 처음 겪는 일로써, 일상이 정지되었고 대혼란이 왔다. 어떤 이들은 세상이 뒤집어질 때 기회가 온다며 그 기회를 잡아야 한다고 말했다. 나도 그 말에 동의하여 지난번처럼 기회를 날릴 순 없으니 큰 마음을 먹고 주식을 하게 되었다. 종목은 코로나 진단키트. 이 또한 친한 언니의 정보로 알게되어 꽤 큰 액수인 1,000만원을 투자하게 되었다. 4배는 오를거란 큰 기대를 품고 기다리는데 첫 몇일은 좋았다. 상한가로 쭉 가다가 순식간에 곤두박질 치더니 손쓸틈 없이 당해버렸다. 원금은 회수해야겠다는 일념으로 기다리고 있는데 3년이 지난 지금까지 못 팔고 있다.

내가 돈을 벌어야겠다고 생각한 것은 아이가 생기고 나서부터이다. 자라온 환경도 안정적이었고 남편도 튼튼한 직장에 다니고 있어서 돈을 벌어야겠다는 생각이 없었다. 필요한 것이 있으면 살 수 있었고 먹고싶은 것이 있으면 먹을 수 있었다. 풍요롭지는 않지만 여유 있게 살 수 있었다.

그런데 아이가 생긴 후에는 돈이 더 필요했다. 생필품, 식비, 교육비 등 아이가 걸어가기만 해도 돈을 필요로 한다. 아이 친구 엄마는 아이의 미래를 위해 통장을 만드는 것은 물론, 아이 이름으로 된 우량주 주식을 구매하기도 하고, 성장하면서 아이에게 들어갈 비용의 장부를 만들었다고 한다. 듣고 있으니 정신이 번쩍 들었다. 직업을 자아실현으로만 생각하고 가족의 생계수단으로 생각하지 못했다. 돈은 우리 가족을 지켜주는 것이었고 전쟁터에서 꼭 필요한 총알 같은 것이었다. 그런데 통장에 '0원', 전쟁터에서 죽음을 눈 앞에 둔 것이나 다름 없었다.

그제서야 돈의 필요성을 알게 되었고 돈을 많이 벌어야겠다는 생각이 들었다. 내가 가장 먼저 한 것은 '구글링'이다. 돈 많이 버는 방법을 찾아보기 시작했다. 하지만 큰 도움이 되지 않는다. 추천받은 작가의 서적이 있는데 이 또한 당장 손에 잡히지 않는다. 당장 돈을 벌고자 하는데 책부터 읽는게 맞나 의문이 들기도 한다. 그럼에도 불구하고 내가 얻은 인사이트는 '나의 정체성을 발견하여 가치를 높이고 시드머니를 모아서 투자하는 것'이다.

30대인 나에게 중요한 포인트는 '나의 가치를 높이는 것'이었다. 게임 캐릭터로 비유하면 내가 갖고있는 '무기'를 강화하여 공격태세를 갖추고 적과 싸워서 레벨을 높이는 것이다. 무기는 재능과 직업을 가리킨다.

내 직업은 피아노 연주자이자 피아노를 가르치는 선생님이다. 음악을 좋아해서 전공을 했고 업을 가지게 되었다. 하지만 큰 돈을 벌기에는 적합하지 않다. 예로부터 귀족들의 여가 생활을 위한 활동이기 때문에 돈 버는것과는 거리가 멀다.

그럼에도 이 직업을 가졌던 이유는 '자아실현'에 적합했기 때문이었다. 큰 돈은 못 벌지만 소소하게 지속적으로 일할 수 있다. 또한, 언제든지 시작힐 수도 있고 그만둘 수도 있었다. 그래서 전투적이지 않았고 안일하게 일을 했던 것 같다. 하지만 직업에 대한 목적이 바뀌니 태세도 바뀌었다. 할 수 있는 일이 또 뭐가 있을까 눈에 불을켜고 다녔다. 오디션도 보러다니고 사업에 대해 생각을 하게 되었다. 나는 더 이상 망설일 필요도 없고 겁낼 필요도 없다.

'돈'에 대해서 곱씹어보니 부모님의 바람이 생각난다. 부모님은 나에게 '십일조' 생활을 늘 가르치셨다. '십일조' 생활이란 기독교의 종교행위이다. '십일조'는 하나님의 존재를 인정하는 것으로 '하나님이 재물을 주셨으니 나에게 맡겨진 재물의 1/10을 하나님께 드립니다.'라는 뜻이다. 생사화복을 모두 하나님이 주관하시니 세상의 재물 또한 하나님이 주신 것이라고 생각한다. 우리에게 잠깐 맡기신 것이기에 잘 관리해야 하고 사용해야 한다. 이 헌금은 교회를 통해 세상에 환원이 될 수 있고 개인적으로 이웃에게 기부할 수도 있다. (현대 교회에서 재정문제가 이슈가 되어 세상에 '돈 밝히는 목사'라는 인식이 저변에 깔리기도 했지만, 참된 그리스도인이라면 그런 모습과는 거리가 멀다.)

부모님은 어린 나에게 '십일조 3억'이라는 일종의 목표의식을 심어주셨다. 재물을 통해 세상과 이웃에게 기부하는 사람이 되길 바라셨던 것 같다. 이러한 이유로 나에게 있어 돈은 단순히 먹고 사는 문제를 넘어 주변의 이웃을 돌볼 수 있게 해주는 꼭 필요한 것이다. 통장잔고 '0원'이 되고 나니 자아실현의 일환으로 안일하게 여겼던 직업에 대해 전투적인 태세로 변화되어 직업정신이 투철해졌다. 또 세상을 대하는 태도가 적극적으로 변화되었다.

끝으로 라인홀드 니버(Reinhold Niebuhr, 1892~1971)의 말을 인용하여 글을 맺고자 한다. '바꿀 수 없는 것은 받아들이는 평온함을, 바꿀 수 있는 것은 바꾸는 용기를, 또한 그 차이를 구별하는 지혜를 주옵소서'. '돈'이라는 것을 마음 먹은대로 할 수만은 없겠지만 공격적인 태세, 용기와 지혜로 구하며 살기를 다짐해 본다.

어쩌다 도전

권정심

　2016년 2월 27일 나는 드디어 백두대간을 종주하겠다고 관광버스에 올랐다. 딸이 대간 첫 길을 함께 동행하기로 하였다. 백두대간을 종주하기 위해 모인 사람들은 저마다의 계기와 동기가 있었다. 나는 살을 빼기 위해서 백두대간을 종주하려 하였으나 더 큰 계기는 2016년 1월에 배드민턴 운동 후, 한 10명이 음식점에서 밥을 먹을 때 '백두대간 종주로 다이어트를 할까?'라고 이야기를 했더니, 거기에 모였던 언니 한 분이 '네가 백두대간 종주를 5년 안에 하면 OOO 브랜드 마네킹이 입은 옷(신상 옷)을 한 벌 사서 주겠다'고 비아냥거렸다. 그런데 10명 중 6명 정도는 그 언니에게 동조를 하는 것이었다. 그래서 홧김에 그 음식점의 벽에 백두대간 종주계획과 점검계획을 적었다. 나는 구겨진 자존감을 찾아야 한다는 일념으로 결심이 굳건하였고 마네킹이 입고 있는 OOO 브랜드 옷도 가격이 꽤나가니 욕심이 났던 것이다.

　백두대간 종주팀은 달 둘째 넷째 주가 되면 무조건 백두대간 구간으로 출발을 하여 대간코스를 산행을 해야 한다. 한 번도 어떠한 사정으로 인해 일정이 변경된 적은 없었다. 비가 하루 종일 오는 날에는 천막을 치고 밥을 먹었고 신발 안에서 물이 계속 찌걱거려도 계속 걸어야 했다. 2016년 12월 24일, 체감온도가 -26도로, 너무 추워 잠시도 앉아 있거나 서 있을 수가 없던 날에도, 2017년 2월 11일, 눈이 많이 내려서 손가락이 애리고 아파도 우리는 산행을 한다.

대간 길을 갈 때마다 죽어버리고 싶은 고통과 괴로움을 느꼈다! 20km가 넘는 산행을 12시간 넘게 한 경우가 허다하였다. 아름다운 경치를 잠깐 보기 위해 이렇게 고통스러워도 시간과 돈과 노동을 들여 산행을 하는 것은 나의 인생관에 맞지 않았다. 그러나 나의 자존심을 지키기 위해서 이렇게 산행을 한 것이다. 처음 종주를 할 때는 친한 사람이 없어 외로움에 지인들에게 계속 전화를 해 같이 하자며 꼬드겼다. 그래도 사람들과 점점 친해져 산행을 하며 서로 인생을 이야기하고 조언을 나누기도 했다. 우리는 동호회에서 사용하는 닉네임으로 서로를 불렀다.

2017년 6월11일 구룡령에서 조침령으로 가는 날이었다. 비가 하루종일 내려 두려웠다. 조OO과 같이 산행을 하면서 이야기한다. "이렇게 비가 많이 오는 날은 벼락을 맞을까봐서 걱정이 돼요!" 연세가 많은 조OO은 중학교 수학선생님을 하다 정년퇴임하셨는데 암을 치료하려 산행을 하러 오시는 분이다. 지혜가 많으신 그 분은 "큰 나무들이 많이 있으면 번개는 치지 않아!" 라고 대답하셨다. 그 이야기를 듣고는 안심하고 힘차게 산행을 했던 기억이 있다.

산부름은 산행 중, 나를 계속 부른다 "된장!(된장잠자리의 준말), 된장! 이리 빨리 와봐" 나는 빠른 걸음으로 산부름에게 다가간다. 그리고 무슨 할 말이 있나 하고 산부름을 쳐다본다. 그러나 산부름은 아무 말이 없다. 처음 그랬을 때는 할 말이 있어서 부르는구나 생각을 하였으나 나중에는 발걸음이 느린 나를 빨리 오게 하기 위해서 저리 부른다는 걸 알게 되었다.

백두대간 종주자들은 백두대간 종주를 시작한 시기도, 동기도, 능력도 저마다 달랐다. 그들이 모인 산행 공동체의 가시적 목표는 백두대간을 완주하는 것이었지만, 백두대간 종주를 통해 달성하고자 하는 개인의 목표는 건강, 다이어트, 집필을 위한 정보 수집, 취미생활, 자연경관 감상 등으로 다양했다. 백두대간 종주 과정에서 나를 비롯한 대간 종주자들은 여러 유형의 난관에 봉착한 바 있다. 때로는 폭설과 추위 같은 자연환경 때문에, 때로는 산악대장의 중도 하차로 인한 인솔자의 부재로 인해, 때로는 구성원들마다의 신체조건과 경험의 차이로 인해 완주에 대한 애초의 의지가 약해지기도 하고, 중도포기 등 좌절로 이어지기도 하였다. 이들이 공통적으로 경험한 것은 산행 과정에서의 어려움을 딛고 백두대간을 완주했다는 사실 그 자체였지만, 이 사실이 갖는 개인적 의미는 서로 달랐다. 백두대간을 완주했다는 사실은 어떤 이에게는 직장에서의 자존감 회복으로, 어떤 이에게는 신체적 기능의 강화로, 어떤 이에게는 마음의 평화로, 또 어떤 이에게는 다이어트에 대한 자신감으로 해석되었다. 이는 동일해 보이는 경험도 개인의 의미 부여 방식에 따라 전혀 다른 방식으로 재구성됨을 보여주었던 사례이기도 했다.

백두대간 종주를 끝내고 교육대학원 상담심리 석사논문을 '삶의 의미와 자아정체성의 형성에 관한 내러티브 탐구: 백두대간 종주자의 산행경험을 중심으로'라는 제목으로 쓰게 되었다. Erikson에 따르면 자아정체성 형성은 자신을 독특하고 고유한 개인으로 자각하고, 다른 사람과 구별된다고 생각하는 자기 자신을 유지하는 연속성이다. 백두대간 종주 후 나는 어떤 일을 할 때 타인보다 더 오래 인내할 수 있는 능력이 증가하였다. 한국사 3급 능력 시험을 일주일 남겨놓은 상황에서 시험공부를 하는데 점수는 안 오르고 시간은 없고… 예전 같으면 벌써 포기했을 텐데 포기하지 않고 인내하고 꾸준히 지속하여 시험에 합격할 수 있었다. 이처럼 스스로를 입증하면서 예전과 지금의 나는 확실히 변했다는 것을 확인하였고, 백두대간 종주로 얻어진 극한의 인내는 생활 속에서 많은 도움이 되었다.

게다가 백두대간 종주라는 경험은 나에 대한 비판적 성찰의 안목을 키워주었고, 개인과 가정생활 그리고 사회적 관계의 변화 속에서 새로운 정체성을 만들어주었다. 새로운 정체성이란 '스스로에 대한 자신감과 신뢰감이 있는 주체적이고 주도적인 삶을 살아가는 한 인간'이라는 정체성이다. 또한 기존의 정체성도 더욱 성숙해져 도전정신, 문제해결능력, 자기효능감 향싱을 경험하였는데, 이러한 변화는 사실 현실에서 실현하기 어려운 가치들이기도 하다. 이렇게 백두대간을 종주하고 나 뿐만 아니라 참여자들 모두가 서로 도와 목표를 달성하였으며 자아정체성이 바뀌어 감을 논문으로 작성할 수 있어서 기뻤고 여전히 백두대간을 종주한 우리들은 그때를 추억하며 이야기한다.

내 취미는 부동산 공부

박주헌

뜨거운 햇살이 나를 짓눌러 두 발은 천근만근 무거워졌다. 앞서가는 일행과 점점 거리가 벌어져 이제는 저만치 앞서가는 일행을 따라가려는 마음만 앞설 뿐이다. 처음 걷기 시작할 때 주고받던 농담들도 이제는 더 이상 오가지 않는다. '내가 왜 걷고 있지? 또 여긴 어디지?' 보이는 건물들도 풍경도 다 똑같아 보인다. 언제부터 이렇게 정신이 혼미해졌는지 모르겠다. 여름의 한복판 즈음 구름 한 점 없는 한낮에 그렇게 나와 일행은 걷고 또 걷고 있었다.

나는 재테크에 크게 관심이 없던 부류에 속했다. 필요하다는 것은 알고 있었지만 그저 열심히 모으고 아꼈으며 투자는 주식과 펀드가 다인 줄 알았다. 굳이 핑계를 대자면, 이전에는 직장과 학업으로 너무 바빠 다른 일에 신경 쓸 여유가 없었다. 그러다 조금은 여유가 있는 회사로 이직하고 나니 노후를 대비한 재테크를 해야 한다는 경각심이 들었다. 그때부터 재테크 책과 유튜브를 보면서 조금씩 공부하기 시작했다. 눈먼 봉사가 더듬거리듯이 공부 하다가 부동산 가격이 엄청나게 오르는 것을 경험했다. 그간 주식과 펀드에서 경험했던 수익보다 훨씬 커 보였고 편해 보였다. 그냥 심어 놓으면 알아서 크는 농작물과 같이 사 놓으면 알아서 가격이 오르는는 것 같았다.

머릿속에 이런 생각이 들어서면서 부동산을 제대로 공부해야겠다는 생각이 들었다. 공부를 하면 보다 현명한 투자를 할 수 있지 않을까라는 막연한 생각에서 시작되었다. 그때부터 부동산 추천 도서들을 읽기 시작했다. 그러다 책만 읽어서는 빠른 발전이 없을 것 같은 생각이 들어 유명한 재테크 커뮤니티 카페에도 가입했다. 그곳은 부동산 재테크에 관심 있는 사람들이 모여 있는 곳인 만큼 내가 원하는 정보와 사람들의 이야기로 넘쳐났다. 이곳 이야말로 내가 많은 것을 얻어 갈 수 있겠구나 싶었다. 그 카페에는 부동산 책의 저자로 이쪽 영역에서 꽤 유명한 사람이 여럿 있었는데 멘토로 불리며 강의를 하고 있었다. 부동산 공부를 제대로 하려면 강의를 듣는 게 당연하다 생각했다. 당시 부동산 투자가 유행처럼 번지던 때라 현장 강의를 신청하는 데도 엄청난 경쟁이 필요할 정도로 인기가 높았다. 특히 유튜브 등을 통해 인기를 얻은 스타 멘토의 강의는 하늘의 별 따기 일만큼 신청이 어려웠다.

나는 경쟁이 필요 없는 온라인 강의를 듣기 시작했는데 입문이라 그런지 부동산 투자를 왜 해야 하는지 등 동기부여를 하는 내용이 많았다. 강의를 신청하면 학습 효과를 높이고자 하는 이유에서인지 조를 나누어 강의를 듣게 해서 인적 네트워크를 쌓도록 유도했다. 거기서 만나게 된 사람들은 주로 나보다 나이의 어린 사람들이었다. 강의에 따르면 부동산 투자의 핵심은 현장이었다. 부동산을 직접 가서 조사한다는 뜻의 '임장'을 중요하게 다루었다. 그랬기에 조별 과제로 임장이 주어졌는데 대상 지역이 정해지면 지역에 대한 사전 공부를 하고 나서 직접 가서 조사하는 단계로 진행되었다.

그전에도 혼자서 부동산 답사를 한 적은 있었지만 이렇게 체계적으로 다른 사람과 함께 한 적은 처음이어서 생소하기만 했다. 하루 안에 해당 지역을 모두 도는 것이 목표였기에 우리는 새벽부터 모였다. 대부분은 젊은 여자들이었고 남자도 한 명 있었지만 나보다는 역시 어렸다. 목표까지 잘 다녀와야 한다는 비장함이 감돌았다.

하루 종일 돌아본다는 계획이었지만 여유 있는 발걸음을 할 수는 없었다. 오늘 안에 목표한 지역과 아파트 단지들을 샅샅이 봐야 했기 때문이다. 시간이 흘러갈수록 다리는 아파오고 체력이 바닥을 드러내며 정신이 흐릿해지고 있었다. 임장을 하는 곳의 특징과 포인트 등을 입력하던 초반과 달리 중후반이 지나자 더 이상 차이점들을 발견해 내지 못했다. 단지 나에게 남은 건 오늘 목표한 지점까지 도달하는 것이었다. 주위가 어둑해지는 저녁 임장을 다 돌고 나서 스마트폰의 걸음 수 측정 앱을 켜보니 7만 보 이상 걸은 것으로 나온다. 이를 보고 임장을 함께한 동료들이 서로 수고했다고 격려를 하고 마무리했다. 다녀온 며칠간 다리의 피로가 풀리지 않는 후유증이 남았다.

이후에도 수개월에 걸쳐 다수의 지역을 이런 방식으로 임장을 다녔던 것 같다. 그러면서 지역별 특색도 알게 되었고, 사람들이 좋아하거나 좋아하지 않은 아파트 단지 등 부동산을 비교할 수 있을 정도는 되었다. 이제는 임장을 예전처럼 전투적으로 하지는 않는다. 꼭 그러지 않아도 되겠다는 생각이 나 스스로 들었기 때문이다. 안타깝게도 이를 통해 경제적 이익을 크게 얻지 못했다. 아니 오히려 적지 않은 손해를 보았다. 커뮤니티에 있으면 자연스레 투자도 경쟁심이 생기게 된다. 사 놓으면 무조건 오른다고 생각했던 사고방식에서 벗어나지 못한 채 성급한 결정을 한 결과이다.

　누군가에게는 절박할 수 있는 이러한 경제적 활동을 나는 절박함 없이 어찌 보면 취미처럼 했던 것 같다. 과거에 취미로 들어갔던 다른 동호회에서의 내 모습과 다를 바가 없었다. 제대로 하지 못했고 그로 인해 얻은 손해에 대한 자괴감이 나를 한동안 억눌렀다. 회사나 사회에서 어떻게 얼마 동안 벌어야 손해가 난 것을 메꿀 수 있을지 계산해 보니 머릿속이 더욱 아득해졌다. 차라리 그 돈으로 여행이라도 다녔으면 더 좋았을 것이란 후회도 해보았다. 지금은 그런 생각을 하지 않는다. 수업료를 크게 냈다고 생각하기로 마음먹었다.

　이러한 경험을 통해 분명히 크게 얻은 것이 있으니 말이다. 내 안에 있는 성급함과 자만심을 확실히 마주할 수 있었고 그것을 경계해야 한다는 것을 경험했다. 아직도 난 부동산에 관심이 많다. 개인적인 생각이지만 우리나라에서는 부동산을 모르면 금전적 손해를 보는 일이 많이 생길 수 있다. 그래서인지 자연스럽게 부동산에 관심이 간다. 부동산은 사람이 살아가는데 가장 필수적인 요소인지라 부동산 공부를 하면 할수록 사람을 잘 알아가게 되는 것이라 생각한다. 사람이 살아가는 곳을 배우며 삶의 지혜를 배우는 것이다.

　부동산을 통해 지혜를 배워 나가되 이제는 욕심에 눈이 멀어서 하는 그런 부동산 투자는 하지 않겠다고 스스로 다짐해 본다.

꽃길을 봤니?

권정심

　그동안 우울하게 살아온 나의 삶이 사랑하는 사람과 결혼을 하면 확 바뀌어서 파라다이스가 펼쳐질 것이라는 부푼 기대를 가지고 1992년 봄, 3월 20일 결혼을 하였다. 그런데 둘째 언니가 "동생! 이제 시작이야" 라며 고생길이 펼쳐질 것처럼 이야기를 하는데 마음이 많이 상하였다 '이 가정에서 벗어나서 다른 세계에서 행복하게 살고 싶은데, 즐겁고 행복한 나의 앞날에 초 치자는 거야 뭐야'라는 생각을 했었다. 아이를 임신하고 출산하는 것은 여간 힘든 일이 아니다 오죽하면 MZ세대 중에 아이를 낳지 않고 살겠다는 부부들이 많겠는가? 주말에 남편의 아침 점심 저녁을 해 주는 것도 아주 힘이 들었다. 주중에는 아침만 먹고 일찍 출근하면 회사에서 저녁까지 먹고 오는 남편이 주말이면 어디를 나가지도 않으니 세 끼를 해서 먹기가 여간 힘든 일이 아니었다. 주말이면 가족과 함께 좋은 곳으로 여행을 떠나고 맛있는 것을 사 먹고 싶었기에 집에서 하루종일 밥을 하는 것이 그렇게 썩 행복하지는 않았다.

　이제 사랑하는 남편, 아이들과 주말마다 놀러 가서 맛있는 것을 먹고싶다는 생각은 버리기로 했다. 딸, 아들과 나와 이렇게 셋이 주말이든 주중이든 놀기로 생각을 바꾼 것이다. 일요일 하루는 중앙극장이라고 부천역에 영화관이 있었다. 지금은 없어진 영화관이다. 아이 둘과 영화를 보러 간 것이다. 남편은 원미도서관에 공부를 하러 간 상태이다. 전화를 하여 우리는 영화를 보려고 하는데 영화를 볼 건지 물어보니 영화는 보겠다고 한다. 그러면 14시까지 중앙극장으로 오라고 하였다. 남편이 물어본다. "제목이 뭐야?" 나는 "집으로"라고 대답했다. 또 한 번 남편은 퉁명스럽게 물어본다 "제목이 뭐냐고". 나는 다시 대답한다. "집으로"라고. 남편은 "알았어."라고 대답을 하더니 아무리 기다려도 나타나지를 않는다. 전화를 다시 해 보니 남편이 하는 말이 "집으로 데리러 오라면서. 나 집이야!". 나의 대답은 "내가 언제 집으로 데리러 오래! 영화 제목이 집으로라니까". 남편은 그냥 집에 있겠다며, 우리끼리 영화를 보고 오라고 하여 매표원에게 사실대로 이야기를 하고 영화표 하나를 취소한 적이 있다.

아이를 양육하는데 있어서도 남편과 나는 서로 의견이 다르다. 내가 남편을 이겨야 내 맘대로 양육을 할 수가 있었다. 그리하여 결사적으로 남편을 이기고 큰 아이를 학원에 보낸다. 나는 아이들 대학을 SKY로 보내야 양육을 잘 한 거라는 생각을 가지고 있었다. 그래서 가정의 모든 돈을 사교육비에 집어넣었다. 남편은 대기업의 부장이었고 연봉이 1억이 넘었다. 거기다 나도 맞벌이를 하였다. 아이들이 SKY에 들어가지 못하였고 아들이 대학에 입학했을 때는 우리 집의 경제사정이 좋지가 않았다. 마음이 허전하여 옆 동료가 물어보지도 않는데 혼자서 이야기한다 "신 선생! 나는 돈 벌어서 학원 원장 돈 벌게 하고 남은 것은 아무것도 없다네." 노후보장, 저축, 아이들 청약통장, 이런 것들 생각할 겨를이 없었다.

수능 모의고사를 보면 딸의 언어성적이 항상 2등급과 1등급 사이를 왔다갔다 하였다. 수학능력시험 결과 모든 과목 성적이 올 1등급 정도의 성적이 나오면 SKY는 갈 수 있겠다 싶었다. 불안한 언어 성적을 올려 완벽한 1등급이 나올 수 있도록 수능 6개월 전부터 일주일에 한 번 10만 원을 내고 스무 번 과외수업을 받게 하였는데 수능에서 2등급이 나왔다. 지금 돈으로 환산하면 10만 원이 현 시세로 30만 원은 되는 것 같다. 그렇다면 600만원을 들인 쪽집게 과외를 받은 것이다. 수능 끝나고 너무 아쉬워서 딸에게 한 20번은 말한 거 같다. "스무 번 과외를 받아서 언어가 2등급이니? 아니면 안 받아도 2등급이니?". 그러면 딸은 "아마 과외 안 했어도 2등급이었을 것 같은데!"라고 대답한다.

딸이 고2 2학기이고 아들이 중2 2학기에 접어들었을 땐 느닷없이 남편이 이혼을 요구한다. 이유가 뭐냐고 물었더니 내가 대가 너무 세서 싫다고 한다. 나의 대답은 '그동안 참고 산 세월이 너무 아까워서 싫다'였다. 주말에 기숙사에 있던 딸이 오면 남편은 딸과 아들을 앉혀놓고 이야기한다. "엄마 아빠는 이혼을 하겠다"라고. 딸은 수원에 있는 학교에 가서도 걱정이 되는 지 계속 전화를 한다. 그때 나는 남편에게 이야기했다. "나는 죽음도 두렵지 않아. 단지 내가 죽을 때, 설딘다면 아이들의 양육을 완전히 못해서 걸리는 거지! 그런 나에게 이혼 따위는 아무것도 아니니 딸 대학 붙으면 이혼해 줄 테니 걱정을 하지 말아. 공부하기도 벅찬 딸에게 그런 쓸데없는 소리를 하지 말아 달라."고 부탁을 한다. 딸 공부하는 데 지장이 있을까 봐 신경 쓰는 나와 남편의 생각은 완전히 다르다. 그리고 마음속으로 생각한다. 딸이 SKY에 가기는

쓴맛이 여운처럼 남은 계절 219

힘들겠다고. 이렇게 집안이 시끄러워서야 딸이 대학을 인서울만 해도 잘한 것이라고 생각했다. 그 후로 남편이 생활비 일체를 주지 않는다. 나는 딸 학원을 보내기 위해서 융자를 받는다. 그리고 학원에 보낸다. 딸이 대학을 졸업한 지가 8개월만 지나면 10년이 돼 가는데 왜 지금까지 빚이 있나 생각을 하니 고3 때, 혼자 융자받아서 아이들 학원비 냈던 것이 지금까지 이어지고 있는 것이다.

딸은 대학에 들어갔다. SKY는 가지 못하였다. 그래서 약속대로 이혼을 해야 하는데 남편은 또 같이 살자고 한다. 가만히 생각해 본다. 딸과 아들의 무난한 대학 졸업을 위해서 다시 한번 마음을 다잡고 살아보기로 한다.

2017년 4월 23일, 백두대간 길 중에서 삼수령에서 댓재로 넘어가는 길에서 덕항산을 지나는 길목이 봄꽃으로 뒤덮여 있다. 백두대간 길에 꽃길이 펼쳐져 있는 것이다. 산에 풀들은 아직 자라지 않았고 나무들은 갈색인데 산길에는 온갖 꽃들이 피어있다. 진달래, 유채, 얼레지, 양지, 복수초, 노루귀, 현호색, 잔털제비, 금괭이눈 꽃들의 군락지이다. 꽃을 좋아하여 백두대간을 하면서 꽃을 찍는 옥매화언니에게 이야기한다. "언니! 왜 인생이 꽃길만 있지는 않을까요? 살면서 처음 걸어보는 이 꽃길이 너무 좋아요! 인생 꽃길만 걸으면 얼마나 좋겠어요?" 언니는 묵묵부답이다.

깜빡거렸던 네온사인

김시남

아침이다. 희미한 등불이 머리맡에서 유희하고 있고 주변은 어수선했다. 응급실은 여느 때고 이렇게 긴박하고 묘한 긴장감이 도는 분위기이리라. 곧이어 하얀 가운을 입은 의사가 다가와서 하는 말. "김시남씨, 당신은 5분만 늦게 발견되었으면 과다출혈로 이 세상 사람이 아니었어요. 피를 그렇게 흘리고도 살아있으니 오늘이 있음을 고맙게 여기며 살아가세요." 정확하게 7월 4일이었다.

어제까지는 무더위로 짜증을 부린 것 같은데 그날은 비가 대지를 촉촉하게 적셨다. 격려 반 우려 반으로 그날따라 유독 걱정스럽게 지켜보는 아내의 배웅을 받으며 출근을 했다. 좀 더 나은 고등학교를 만들어 보고자 잠을 제대로 이루지 못하고 몸부림치는 남편이 안쓰럽게 느껴졌던 모양이다.

사율형사립고(자사고) 교장으로 취임하여 한 학기동안 정신없이 달려왔다. 일반계 고등학교와 다르게 자사고는 학교 나름의 특성과 다양한 교육적 틀을 색다르게 구축해야 하고, 학부모들과 학생들의 만족도를 향상시켜야했다. 결국은 명문대 진학률을 가시적으로 높이는 결과를 가져와야 했다. 덧붙여 건학이념에 부합하는 올바른 인성함양도 중요한 교육목표였다. 인성과 실력 두 마리 토끼를 다 잡아야 하고 서울에서 인지도있는 명문고로 부상해야 하는 막중한 책임감도 느꼈다. 학교장으로서 심리적으로 많은 부담을 느꼈고 개인적으로도 최상의 고교 정립이라는 욕심을 내며 고심하고 그 방안을 모색하느라 근래 충분한 휴식과 수면시간을 확보하지 못했다. 어제 교장실에서 학생회 대표들과 웃을 수 있었던 인성관련 간담회를 회상하며 자동차 시동을 걸어 출근길에 나섰다.

며칠 전 교장실 팻말 윗부분 창턱에 나란히 음료 캔 세 개가 놓여 있었다. 빈깡통이었다. 콜라 한 캔, 사이다 한 캔, 환타 한 캔. 교장실을 쓰레기 처리장 쯤으로 생각하는가? 평소 같으면 화가 치밀어 학생부 지도실에 연락하여 노발대발 했을텐데 그때는 미소를 지었다. 아이들의 장난기 발동한 재미났을 모습을 연상하며 나의 개구쟁이 시절이 페이드인 되었다. 회의가 끝나고 학생회장에게 물었다. "왜 하필 교장실 창턱에 그런 장난을 쳤을까?", "교장선생님, 혹시 그 캔을 교장선생님 드리려고 왔다가 안 계시니까 놓고 간 건 아닐까요?" 황당하지만 재치있는 대답이다. "그런 마음이었다면 꽉 찬 캔이어야지. 그 캔은 비어있었어." 웃으며 화기애애하게 대화를 하던 말미에 한 학생이 질문을 한다. "교장선생님, 왜 우리 아빠는 소통이 전혀 안될까요? 나이가 50이 넘으면 꼰대 기질이 강하게 박혀서 그런가요?" 그 아버지 입장에서 대강의 변명을 하고 '지속적인 대화 시도를 해보면 점진적으로 달라질 거야' 하고 얼버무리며 회의가 끝났다.

내 나이 56세. 참 많은 세월을 보냈다. 한 학생 아버지의 불통이 나의 나이를 인식시키며 최선을 다한 과거 교육자의 길을 되돌아보게 했다. 지난 세월 동안 교육현장에서 있었던 보람과 아쉬움이 교차되는 여러 장면을 회상해 보았다. 직업군의 특성상 일반 회사와는 다르게 교직사회의 분위기는 50이 넘어도 62세의 정년 때까지 집에 갈 날 기다리는 처량한 신세의 여건은 아니었고 젊은 교사들에게 존경과 인정을 받는 아직은 쓸만한 쓰임새로 머무는 분위기였다. 물론 초중등 학제에 따라 학생들에게 인정받는 정도의 차이는 있겠지만 오래될수록 깊은 향과 그윽함을 뿜어낼 수도 있었다.

30대의 방황 속에서 난 과감하게 선택했다. 교사의 길을 가겠노라고. 그리고 목표를 세워 달렸다. 교사로서 최상의 자리까지 오르겠노라고. 그리고 멋진 교육계의 표상이 되겠노라고. 최상의 자리는 얻었으나 교육계의 표상이 되었는지는 모르겠다. 그러나 아직 50대이고 정년까지는 꽤 많은 시간이 남았다는 여지속에서 야무진 마무리를 위해 욕심을 부려보았다. 반복처럼 여겨지는 일과속에서 교사라는 사명감을 잃지 않으려고 부단히도 애를 썼다. 학생들과 함께 호흡하고 부대끼면서 여기까지 온 자신이 대견스러울 정도로. 때로 육체적 한계와 젊은 아이들의 사고에 이질감을 느끼면서도 당당히 조회시키려고 노력하면서 최고의 명문고등학교를 만들기 위해 몸부림치며 생의 성장통을 앓아야 했다.

내게 7월 4일을 기억하게 한 그 해는 중학교 교장에서 고등학교 교장으로 옮긴 원년이었다. 중학생들의 아기자기한 생활상에서 벗어나 어엿한 어른 티가 제법 나는 고등학생들을 상대하니 그들의 사고와 생활문화는 많이 다름이 느껴졌다.

배움의 과정에서도 입시에 대한 강박이 없었던 중학생들은 자유분방하게 움직이면서 다양한 개성을 표출하였다. 그러나 고등학교는 대학입시 중압감으로부터 벗어날 수 없는 터라 교육과정 자체가 달랐고 학생들의 일상도 많이 달랐다. 내가 근무한 고등학교는 자율형사립고등학교였다. 설립 당시에 논란이 많았지만 자율형사립고등학교는 '고교다양화 300 프로젝트'라 불리는 국정과제에 따라 학교가 건학이념에 따라 교육과정, 학사운영 등을 자율적으로 운영하는 고등학교로 학생의 학교선택권과 사립학교 본연의 자율성을 확대시키고자 마련된 학교였다. 초창기에는 일반고에 비해 학비가 4~8배 정도 높아 귀족학교라는 평판도 받았다. 자사고의 특성상 학생들의 진학에 신경을 쓰지 않을 수 없었지만 다양한 교육과정을 편성하여 학생들의 특기와 적성을 살려낼 수 있다는 점에서는 장점이 많은 학교라 생각했다. 일반고에 비해 교육 환경이 상대적으로 우수하고 높은 성적의 학생들로 구성되어 있어 명문대학 진학률도 높게 나타났다. 그런데 내가 근무한 학교는 서울의 변두리에 위치하고 있어 인지도가 상대적으로 많이 떨어지고 학생들을 정원에 맞게 채워내기가 쉽지 않았다. 교장은 서울시 지역 전체를 대상으로 학교 홍보를 하느라 진땀을 흘려야 했다. 학생수의 미달을 막아내는 게 학교장의 책무처럼 여겨졌다. 국가의 지원이 전무한 상태였고 학생들의 학비로 학사업무를 수행해야 하는 입장에서 많은 학생들이 입학할 수 있도록 유도하는 것은 당연한 귀결이었다. 홍보자료를 만들어 분주하게 여기저기 중학교 현장을 뛰어다녔다. 학교를 알리고 좋은 학교의 평판을 얻어 학부모가 신뢰할 수 있게 하는 역할에 혼신의 힘을 다했고 기력이 쇠잔함을 느낄 때면 50대라는 나이 탓으로 위안을 삼기도 했다.

 7월 4일에는 아침은 아침부터 비가 내렸다. 약간 스산한 느낌이 들기도 했지만 여름의 열기에 눌려 온기가 전해졌다. 무더위 속에서 샤워를 한듯 가로수는 더욱 푸르렀고 먼산 중턱을 휘감은 운무는 여름의 성숙을 시기하듯 뒤덮었다. 어깨가 무거웠다. 입학생이 미달되어 학사운영이 원만하지 못하고 법인의 지원에 의존하는 학교경영이 학교장으로서 그 책무를 다하지 못하고 있다는 중압감으로 심적부담을 가중시켰다. 모든 현상이 외부환경에 따라 변화무쌍할 수 있으나 교육 현장에서 어떠한 경우에도 교육의 본질이 흐트러져서는 안된다는 소신으로 좋지 않은 상황을 반전시키려고 부단히 노력하고 있었다. 그날도 학교운영위원회가 있었다. 학교의 진학지도의 비전을 설명하고 학생들의 교육여건 개선, 학생과 교사 그리고 학부모의 역할을 강조했다. 동시 자사고의 축소와 폐지를 준비하는 교육청과의 갈등에 따른 대처방안을 논의하고 마무리되었다. 자연스럽게 학부모들과의 식사자리로 연결되었고 연이은 술자리에서 학교문제로 학부모와 언쟁이 생겨 술을 과음하게 되었다. 학생이 가고 싶은 학교, 교사가 있고 싶은 학교, 학부모가 보내고 싶은 학교는 교장 혼자만의 힘으로 안된다는 지론을 펼친 것 밖에는 기억나지 않을 정도로 많이 마셔 취했다. 택시를 타고 집 앞 대로변에 내려 맥주집에서 홀로 술잔을 기울이면서 교육이란 무엇이고 또한 가장 이상적인 교육여건은 어떤 것인가를 고민해 보았다. 작금에 자사고 숫자를 줄이려고 하는 교육정책과 맞물려 다른 자사고 교장들과 반대 투쟁을 벌이는 과정에서도 육신의 상태가 많이 지친 상태였다. 오르막 언덕에 위치한 집으로 발걸음을 옮겼다. 비에 흡수된 상가 간판의 네온사인이 내 시야에 흔들리는 아름다움으로 비추어졌다. 술을 이기지 못하여 어깨가 늘어지는 순간 어느 책에서 읽었던 글귀가 떠올랐다. "축 늘어진 깃발은 죽은 깃발이다."혼자 마음속에서 외쳐보았다. 처진 어깨는 죽은 사람에게나 어울린다. 거센 시련은 사람을 오히려 단단하고 강인하게 만든다. 다시 시작해야 한다. 학교의 선장이 반듯하게 서지 못하면 승선한 모든 학생들은 중심을 잃는다. 개개인의 특성과 적성을 살려 그들이 가고자 하는 맞춤형 진학을 위해 다시 제자리에 서보자는 각오를 외치며 비탈길을 오르고 있었다. 우산 없이 똑바로 걸으려는 나에게 굵어지는 빗줄기와 바람이 흐릿한 정신을 바로 세우게 하려는 듯 했다. 대문은 열려있었고 집 현관으로 오르는 계단에 비 젖은 감나무 잎을 밟았다. 순간 난간을 잡지 못하고 미끄러진 내 몸은 깊은 허공에 떨어지는 아찔함을 느꼈다. 그때 내 시야의 마지막은 멀리 보이는 교회 십자가 네온사인이 깜빡거리며 흩어지는 모습이었다. 네온사인 불빛 틈새로 교장실 창문에 걸친 빈 깡통으로 내게 웃음을 주었던 천진난만한 학생들 모습이 교차되면서 내 의식은 페이드아웃 되어버렸다.

내 생애 56세. 7월 5일의 아침은 아픔과 부끄러움을 안겼지만 내게 새 삶을 챙겨 준 날이었다. 새로운 삶을 얻은 기분은 참 묘했다. 만

약 평시처럼 아내가 밤 11시에 취침을 했다면 나는? 웃음이 나왔다. 내가 다시 건재하여 학교로 출근하게 됨은 아마 아직 다하지 못한 내 간절한 교육 투혼을 불태우라 함이요, 학생들이 올바른 인성과 실력 향상에 매진할 수 있도록 길잡이로의 소명을 다 하라는 신의 뜻으로 받아들였다. 덤으로 얻어진 삶을 통해 색다른 각오를 한 하루였다. 많은 어려움 가운데서도 나의 자아정체성을 찾아내고 교육 현장에서의 멋진 승부를 통해 교육의 건실한 댐을 짓고 떠나는 교육계 비버가 되리라는 다짐을 하게 되었다.

7월 4일 아니 7월 5일 새벽 2시 아내는 왜 그때까지 거실에서 다리미질을 하고 있어 56세 이후 재생의 삶을 안겨주었는지…'늦게까지 하는 다림질은 한 생명을 구한다'는 문구가 내 책상 위에서 번쩍거린다. 50대의 아픔 속에서 신의경애(信義敬愛)라는 인성교육의 중요성이 부각되고 교장실 복도 캔 사건과 50대 그 꼰대아버지가 디졸브된다.

예민한 오지라퍼

권정심

나는 예민하고 상황 파악을 잘 하는 편이다. 눈치가 빠르고 추리를 곧잘 한다. 짐작과 예측을 하면 거의 맞는 편이다. 예지력이 있다고 해야 할까? 그래서 사람을 만나면 '저 사람은 사기꾼이구나. 저 사람은 변덕이 심한 사람이구나. 저 사람은 의리가 있구나' 등 파악을 하고 생각대로 움직이면 100% 맞는다.

일례로 남편을 이용하려고 다가오는 사람이 많았다. 대기업 부장이기 때문이다. 남편에게 누구, 누구하고는 놀지 말라고 일러준다. 그렇지만 남편은 꼭 그분들이 친구라며 같이 놀고는 돈을 떼인다. 그리고 무슨, 무슨 모임은 당신을 이용하려고 하는 모임이니 나가지 말라고 한다. 그래도 남편은 꼭 그 모임에 나갔다. 남편이 퇴직을 하고 나니 소리 없이 그 모임들은 없어졌다.

사람 파악을 잘 못하면 사기도 많이 당하고 상대가 바람을 피워도 모르고 당하는 경우가 많다. 그런 사람들을 보며 '왜 저런 것들이 보이지 않는 것일까?'라고 생각했지만, 아이러니하게도 예민하고 감정이입이 잘 되는 내 성향 때문에 고달픈 부작용도 겪을 때도 있었다. 공감을 너무 잘 하니 영업사원이 꼬드기면 다 사는 경향이 있고, 특히 교육에 좋다고 하면 교구를 많이 사는 경향이 있었다. 그래서 딸이 나에게 지어준 별명이 '팔랑귀'이다. 귀가 항상 열려 있어서 무슨 이야기를 들으면 뭐든 끼어서 하고 싶어 하고, 뭐든 먹고 싶어 하고, 뭐든 사고 싶어 하고, 어디든 가고 싶어 하고 어느 그룹에나 다 끼고 싶어 한다. 그래서 항상 여러 가지를 많이 한다.

한 가지만 하는 것이 아니다. 배드민턴도 치고, 마라톤도 하고, 등산도 하고, 걷기도 하고, 골프도 치고, 여러 가지를 조금씩 하고 있다. 경제활동도 그렇다. 직장을 다니고, 주식을 하고, 아파트도 사고, 오피스텔도 사고, 또 기획 부동산도 산다. 이제는 코인도 좋다고 하여 조금 샀다. 그렇다고 또 부자는 아니다. 그냥 산만하게 여러 가지 하는 것을 좋아하는 것이다.

26평 아파트에 살고 있었는데 남편의 퇴직금을 중간에 정산하여 비싼 32평 아파트를 샀다. 팔랑귀 같은 내 성향 때문에 남편의 직업이 대기업 부장이면 32평 아파트에 살아야 한다는 말을 듣고 그렇게 한 것이다. 32평 아파트가 최고가일 때 빚을 2억 내서 3억 6000만원 하는 아파트를 샀는데 사고 나니 바로 아파트 가격이 내리더니 계속 바닥을 기었다. 이자만 내고 살다가 남편이 못 견디겠다고 하여 아파트값이 오르기 바로 직전인 2016년 늦은 봄, 팔고 말았다. 집에 남은 돈이 2억 8000만원이 있었고 그 당시에는 전, 월세도 구하기 힘들어서 보증금 8000만원에 월세 55만원을 내며 살게 되었다.

그러던 중 부동산 중개업을 하는 친한 언니가 온수에 있는 극동아파트가 재건축을 하니 한 번 사보라고 나에게 소개를 했다. 남편은 사기일 수도 있다고 하면서 반대를 했다. 하지만 온수 극동아파트(재개발아파트)를 소개받고 나는 다음날 그 집을 계약하기로 결정하였다. 부동산 사장은 동, 호수가 정해지면 구입을 하겠다고 한다. 그래서 내가 "언니! 동, 호수가 정해지면 아파트값이 오르니 나는 랜덤으로 어느 층이 내 집이 될 지는 모르지만 그냥 25평 하나 분양받는 이 아파트를 살래."라고 했다. 언니도 내 말을 듣고는 바로 25평 아파트를 샀고, 4년을 기다려 입주를 하게 되었다. 부동산으로 쪽박을 찬 한 친구도 나의 권유로 이 아파트를 분양받을 수 있었다.

게다가 살면서 서로 좋은 정보는 공유하고 알려야 한다고 생각하여 좋은 정보가 있으면 항상 주위에 있는 아는 사람들에게 이야기를 하고 다녔다. 내 이야기를 듣고 부동산을 투자해서 내 옆동 아파트을 산 친구는 5억, 강남에 아파트를 산 직원은 15억, 내가 한 이야기를 듣고 눈이 열려서 후에 범박동 아파트를 구입한 친구는 1억 5000만원 등, 많은 사람들이 돈을 벌었다. 팔랑귀이자 오지라퍼인 내가 가만히 있지 못하고 정보를 이웃들에게 막 알려주면서 이렇게 조금이나마 나의 지인들에게 경제적으로 도움이 된 것이다. 팔랑귀가 돈을 잃게도, 벌게도 해 주었다.

산행의 시작이 고행길의 시작이라는 것을 우리는 모두 알고 있다. 우리의 인생도 그러한 산행과 비슷하다. 위험한 바위를 탈 때는 잡념이 다 사라진다고 한다. 집중을 하지 않으면 낭떠러지로 떨어지고 큰 사고가 나기 때문이다. 그래서 산을 잘 타는 사람에게 의지를 하고 또 도움을 받는다. 우리의 삶도 서로 도움 받기도, 도움 주기도 하면서 살아간다. 각자가 주어진 환경에서 누구나 더 부유하게 살고싶어하고, 더 건강하게 살고싶어하고 자식을 보다 훌륭하게 양육하고 싶어한다. 더 많이 사랑받고 사랑하고 싶어한다. 그렇지만 현실은 생각과는 다를 때가 많다.

베풂을 받는 것보다는 남에게 베풀며 사는 사람들이 더 행복감을 느낀다고 한다. 나는 친절한 사람이고 누가 도움을 원하지 않는데도 베풀 일이 없나 주위를 살피는 경향이 있다. 석사 시, 나의 성격을 검사한 결과 정말 이상적인 성격이나 잘못하면 주위 사람들에게 남의 일에 참견하는 오지라퍼로 인식될 수도 있다는 진단을 받은 적이 있다. 남의 사생활에 너무 깊이 관여하면 안된다는 것은 나도 알고 있고 나름대로 조심하고 있다.

옆에 있는 친구들을 도와주면 나도 행복감을 느끼고 도움을 받는 친구도 나에게 고마움을 느낀다. 나만 잘 사는 것이 아니라 우리 주위의 친구들도 같이 잘 살아야 하는 것이다. 입시정보도 몰래 나만 알고, 이런 생각에서 깨어 우리 모두가 잘 살 수 있도록 서로 노력하는 사회인이 되고 싶다. 그리고 그 사람들이 즐거워하는 모습을 보고 나도 더 행복해지고 싶다.

나는 깨금발로 천천히 다른 세상을 내다보기 시작했다

김시남

과연 인생에서 배움의 끝은 어디일까? 배움은 곧 성장일 테고, 그 과정에서 겪는 성장통은 죽어야 끝을 맺는게 아닐까 싶다. 퇴직을 했다. 60대가 되었다. 교직에 몸담아 30년 넘게 고정된 틀에 맞춰 생활했다. 자신을 위로한다는 명분으로 쉼을 택했고 그간 못다한 여행을 국내외로 분주하게 다녔다. 나이가 들어 늙어가는 것을 좋아하는 사람은 없을 것이다. 누구나 태어나면 겪는 과정인데도 쉽게 받아들여지지 않는 것은 아이러니 하다. 젊은 사람들이 뛰어갈 때 나는 주춤거리며 걸어갔고 젊은 사람들이 단숨에 산을 올라갈 때 나는 천천히 주변을 조망하며 올랐다. 체력의 한계를 피부로 느꼈다. 60이라는 숫자가 갖는 상징적인 의미는 크다. 우리 사회제도가 노인으로 공인하는 시간대에 왔음을 실감하는 나이이다. 이순이라는 단어 앞에서 만감이 교차되었다. 그리고 몇 년의 시간이 더 흘러 60대 중반이 되어 지하철과 기차 그리고 각 문화기관 등에서 사회적 혜택을 받고 있는 나이가 되었다. 그러나 늙은 조개가 구슬을 낳는다고 하는 노방출주를 앞세워 나이 먹은 자로서의 대접을 받으려고 했다가는 영락없이 '꼰대'라는 소리 듣기 십상이고, 오히려 하대를 받는 꼴이 될 수 있는 처지가 되었다. 무엇인가 다하지 못한 일들이 산적해 있는 기분이 들었다. 사회 부적응이라고 느낌과 동시에 조급증이 찾아오고 우울증이 겹쳐졌다. 급속하게 발전되는 과학기술과 정보통신의 발달은 개인주의적 사고와 물질주

적 가치관을 잉태하였고 그 가운데 60대 이후의 노인들은 격변하는 상황에 적응해 보려고 안간힘을 써야 한다. 성경 레위기에 나오는 "너희는 백발이 성성한 어른 앞에서 일어서고, 노인을 존경해야 한다"는 말은 아주 오래된 농담처럼 되어버렸다. 연장자의 경륜을 존중하는 미덕은 희미해진 것 같다. 이제 내 앞에 펼쳐진 세상을 천천히 바르게 직시해야 한다는 긴박함이 생겨났다. 달려가기가 버거우면 뚜벅뚜벅 걸어가야 했다.

학교 현장에서는 가르치고 배우는 토대가 구축되어 있어 제자가 선생님에게 크게 반항하거나 거역하는 상황은 거의 없다. 물론 특별한 경우, 소위 문제 학생이 일으키는 비행사고의 경우를 제외하고는 거의 경험하지 못했다. 물질문명과 의식의 변화가 급속하게 진행되는 실태라는 것은 책을 통해 접할 수 있었다. 그러나 어떤 막무가내식 현상 앞에서 당황하는 상황이 발생되는 경우는 직접 체험해 보지 못했다. 프랑스 작가 미셸 투르니에가 그의 수필집 '예찬'에서 '볼바시옹', 즉 차단이라는 단어를 소개하고 있다. 고슴도치는 공격을 받을 때 몸을 잔뜩 웅크리고 가시를 세워 방어 자세를 취한다고 한다. 세월이 흐르고 나이기 늘어 학교현장을 벗어니 여러 가지 상황을 접히면서 퇴직 후 준비 없이 사회에 던져진 기분이 들었다. 몹시 당혹스러울 때가 많았다. 순간 위기감이 몰려왔다. 사회라는 공동체 사회에서 살아남고 생명을 지키기 위해서는 스스로가 변화하고 성장해야 하겠다는 생각이 들었다. 60대가 되어도 성장을 위한 성장통에는 이렇게 사춘기의 방황을 넘어서는 혼란이 필요한 것이겠구나를 인식하면서 절체절명으로 다가

왔다. 그러나 특정 상황 앞에서는 내게 내재된 교육자로서의 가치관을 쉬이 버리지 못하고 자꾸만 소위 '꼰대'를 자처하고 나선다.

　퇴직 후 바리스타 자격증을 취득하고 갑자기 카페의 분위기, 커피의 맛과 향을 느끼고 싶었다. 저녁 후 간단한 산책을 하고 집에서 가까운 카페에 갔다. 출입문 옆에 설치된 키오스크 단말기 앞에 젊은 여학생들이 줄을 서 있어서 나도 따라 줄을 서서 기다렸다. 차례가 되어 처음 접해보는 키오스크는 생소했다. 테블릿에 아직 익숙치 못하고 화면 구성을 읽어내는데 시간이 조금 걸려 헤매고 있는데 뒤에서 고등학생쯤 되어 보이는 여학생이 "할아버지, 못하시면 가게 안에 들어가셔서 주문하세요. 저희들 바쁘단 말이예요.", "아휴, 진짜 짜증난다. 그치?" 함께 온 친구들과 희희덕 거리면서 내 뱉는다. 순간 미안한 마음도 있었지만 무시당하는 느낌과 동시에 젊은것들이 당돌하다는 생각이 들어 약이 올랐고 기계 운용이 서투른 자신에게 화가 났다. 참았다.

　어제 저녁, 작은 아들과 '꼰대'가 안 되는 방법에 대해 이야기했고 '꼰대'라는 단어를 놓고 설전을 벌였던 기억이 났다. 국립국어원 표준국어대사전엔 '꼰대'란 늙은이를 이르는 말. 학생들이 은어로 '선생님'을 이르는 말이면서 권위를 행사하는 어른이나 선생님을 비하하는 뜻이라 정의하고 있다. 젊은이들은 꼰대들을 싫어한단다. 그러면서 꼰대의 특징을 설명했다. 능력이 없으면서 대접받기 바라고 굳이 끼어들지 않아도 될 상황에 끼어들어 조언이나 충고를 하며 '요즘 것들'이란 말과 '옛날엔 안 그랬다'느니 '세월 참 좋아졌다'는 말을 한다는 것이다.

일면 인정했다. 그러나 젊은이들의 가치관과 나이든 사람들의 가치관이 다를 수 있다고 하더라도 이 사회는 혼자 사는 게 아니고 공동체 생활과 사회 질서와 규범이라는 것이 있으며 기본적 인륜이라는 것이 있다고 했더니 그게 바로 '꼰대'적 발언이란다. 한참을 웃었다. 그러면서 퇴직 후 여러 가지 불쾌했던 몇 사례를 항변하듯 이야기했다.

어느 일요일은 장모님 생신날이었다. 토요일에 친구 아들 결혼식이 있어 함께 가지 못하고 일요일 아침 일찍 혼자 운전을 하여 영주로 출발했다. 9시 30분쯤 되어 문막휴게소에서 잠시 요기를 좀 하려고 비빔밥을 시켜 먹고 있는데 바로 옆 테이블 맞은편에 20대로 보이는 여자가 우동을 시켜 먹으면서 데리고 온 반려견 요크샤테리아를 식탁위에 올려놓고 있어서 조금은 심기가 불편했다. "죄송한데 그 반려견 좀 식탁 아래로 내려놓고 식사하시면 안 되겠습니까?" 곧이어 돌아온 대답은 "식사하는 데 우리 사랑(개 이름인 듯)이가 방해하는 건 아니잖아요? 저에겐 가족이란 말이예요. 참 별난 사람 다 보겠네." 하고 다른 테이블로 가 버렸다. 한참을 멍하니 있다가 '요즘엔 반려견을 식탁에 올려놓고 함께 식사하는 문화가 일반화 되었는가? 내가 결례를 한건가? 사과를 해야 하나?' 망설이다 차에 올랐고 영주에 도착할 때까지 씁쓸한 기분이었다.

"선행열차 먼저 보내는 관계로 잠시 정차 대기하겠습니다. 안전한 실내에서 조금만 기다려주시면 출발하겠습니다."

안내 방송이 흘러나왔다. 오후 1시 명동에서 약속이 있어 1호선 전철을 타고 목적지로 향하는 중 남영역에 섰다. 평일인데도 승객들이 많아 선 채로 창밖을 응시하며 출발을 기다리는 순간 어디에선가 쿵! 쿵!거리는 소리에 깜짝 놀라 몸을 움츠렸다. 계속해서 쿵쾅거리는 소리가 심하게 거슬려 뒤를 돌아보니 기다림에 짜증이 났는지 20대 중후반 젊은 남성이 출입문을 발로 계속 차고 있었다. 너무 심하다 싶어 가까이 다가가 "불과 3분도 안되는 연착이 그리도 짜증이 납니까? 그리고 이 전철은 국민들 세금으로 만들어진 공공기물입니다. 당신 화풀이 대상으로 그렇게 하시면 안되지요." 곧이어 언성을 높이며 "이 꼰대가 뭐라 하는 거야? 당신 일 아니면 참견하지 말고 그냥 가세요. 괜히 참견하고 지랄이야!" 곧 때릴 것 같은 기세로 덤벼들어 언쟁이 있었고 함께 탄 승객들이 내 의견에 동조하자 침을 뱉으면서 하차를 해 버렸다. 어이가 없었다. 이리도 참을성 없고 사리판단이 안되는가? 뭔가 답답한 덩어리가 가슴을 치밀고 올라왔다.

막대한 시 예산을 들여 아파트 사이에 넓은 공원을 조성하여 시민들을 위한 휴식공간과 최신 운동기기들이 설치되었다. 황토길 조성으로 쾌적한 공원이 생겨 즐거운 마음으로 산책과 운동 공간으로 자주 활용하였다. 오후 6시 교복과 체육복을 입은 남녀학생들도 많았고 어린 아이들과 어머니들, 그리고 동네 어르신들도 무척 많이 이용하고 있었다.

데크 위에 남녀학생들 5명이 모여 원탁에서 음료수를 마시며 대화를 재미있게 나누는 모습을 보고 있었다. 잠시 후 그들은 먹고 남은 음료수 캔과 휴지를 그대로 두고 그 자리를 떴다. 그 광경을 보고 있다가 달려가 아이들을 불러 세웠다. "너희들, 먹은 쓰레기 다 가지고 가서 버려. 이건 아니잖아!" 그러나 모든 아이들이 어이없다는 듯 쳐다보더니 그 중 여학생 한 명이 나서서 하는 말,"할아버지, 여기에는 청소하는 아줌마, 아저씨가 계시고요. 그 사람들에게 일거리를 줘야 하는 거 아닌가요? 할아버지 이 동네 사시는 분 아닌가 봐요?" 참 황당하고 어이없다. 큰 소리 질러 결국 가져가도록 만들었지만 뒤돌아 가면서 "오늘 완전 재수없어. 완전 개꼰대에게 물렸어." 꼰대도 모자라 개꼰대가 되어 버렸다. 퇴직한 교육자로서 많은 부끄러움을 느꼈다. 내 잘못이 크다. 아이들에게 공공질서에 대한 교육을 잘 못 시켜 이런 경우가 발생했구나를 자책하며 내 잘 못이로다. 내 잘못이로다를 되뇌이며 발걸음을 공중화장실로 옮겼다. 이곳에서 한 남자고등학생으로 보이는 학생이 공동으로 사용하는 휴지를 마구잡이로 풀어 손을 닦고 개수대 옆에 수북하게 올려놓고 나가는 게 아닌가, 불러 세워 '네가 사용한 휴지 가지고 가서 버리라'고 하니까 "여기 휴지통도, 손 닦는 휴지도 없잖아요!" 할 말을 잃었다. 깨진 유리창의 법칙인가, 이미 많은 휴지뭉치들이 쌓여 세면대 위는 인상이 씨푸러 질 징도로 아주 지저분했다. 비난 저 한 학생의 문제는 아니겠지만 화장실을 나오는 마음은 개운치 않았다. 기분이 몹시 언짢았다. 비릿한 냄새가 내 코에 스며들었다. 내 기준을 넘어 세상이 타 들어가는 느낌을 던져 버릴 수 없다. 꼰대라는 너울에 묻혀 아닌 것을 아니라고 말하지 못하는 답답함에 묻혀 살고 싶지는 않다.

아픔이다. 10대, 20대만 아픈 건 아니고 60대도 많이 아프다. 이것저것 생각하고 따져보니 내 삶의 궤적이 그저 그렇고 그렇다는 느낌이 든다. 살아있는 생명을 지켜내기 위한 기본 조건은 변화와 성장의 꿈틀거림이다. 인생을 그려오면서 한때는 좋았던 기분도 있었지만 이젠 내려놓고 세상도 봐야겠고, 한 겹 접어놓고 인간의 군상들도 접선해야겠다. 현실 상황에 적응해야 하고 시대흐름도 거역없이 순조롭게 타고 넘으면서 춤도 춰야겠다. 지금까지 교육자로서의 길 그 가운데 내 삶의 길을 하나 둘 세어가면서 먼 길 에둘러 왔지만 내가 지금 나이가 먹었다는 생각이 도무지 들지 않는 것은 도파민의 오류인가? 다시 성장하고픈 과욕이 샘솟고 있음을 의미하기도 하는 것 같다. 내가 살아있어 지금 숨 쉬고 있음을 뜻하고, 진정으로 '나'라는 존재감을 찾고자 하는 여력의 발버둥이라 생각된다.

노인이 세상의 주인 아님도 알지만 지금 나라는 존재감을 잃어버리면 근본적으로 인생의 중요한 가치인 자존감을 상실하는 것 같아 많이 아플 것 같다. 누에가 고치에 갇히듯 노년이라는 나이에 갇혀 살아갈 필요는 없다고 느껴진다. 지금껏 갇혀 살아온 교육자로서의 틀을 벗어나 이젠 담장 밖으로 과감하게 눈을 돌려 깨금발로 내다보며 살아야겠다. 타인의 삶으로 조심스럽게 들어가는 역지사지를 통해 나이든 사람으로서 기품을 키워 내 영역을 점진적으로 확장해 나가야겠다.

내 나이를 헤아려 본다. 60대 중반을 넘어서며 고희를 향해 치닫고 있다. 세상이 자기 뜻대로 되지 않음을 알면서도 타인의 이야기는 들으려 하지 않고, 오직 자신의 신념만이 정의이고 진실인 양 확증편향에 사로잡혀 '내 나이가 몇인데', '요즘것들', '싹수 없게', '네까짓 것들이 뭘 알아'를 뇌까리며 보고 싶은 것만 보고 듣고 싶은 것만 들으려는 자세는 더불어 살아가는 세상에 한몫 차지하는 좋은 어른의 자세는 아닐 것 같다. 인생을 어떻게 살 것인가의 문제는 태도의 문제이고 선택의 문제가 맞다.

60대, 이제 관점의 전환과 생각의 틀을 깨는 것이 필요한 시기이다. "너 늙어봤어? 난 젊어봤다."의 항변조의 말이 나이든 노인의 존재를 화려하게 부각시켜주지는 못한다. 몸도 마음도 자연스럽게 늙어가야 정상이다. '나이가 숫자에 불과하다'는 말을 살아있음의 항변처럼 토해내서는 안된다. 이제 나이 들어도 깨금발을 딛고 자기중심의 틀에서 벗어나 좀 더 넓혀진 세상의 어울림으로 눈을 돌려야겠다. 미국의 철학자 랄프 왈도 에머슨이 'What is Success?'의 한 구절, '자기가 태어나기 전보다 세상을 조금이라도 살기 좋은 곳으로 만들어 놓고 떠나는 것'을 음미하며 천천히 다른 세상을 내다보려고 한다.

그렇지만 소금은 씁쓸하다. 줄넘기를 하는 초등학교 부리에서 ×× 새끼! 씨×아! 하는 소리가 귀에 들려온다. 귀를 막아본다. 이런 순간에는 어쩔 수 없이 꼰대가 되고 싶다.

에필로그
한 땀, 한 땀, 글을 짓던 계절

김지원: 유튜브, OTT 플랫폼 등 우리 도파민을 분출하게 하는 유혹이 많은 시대인데요. 우리 정행글숲 회원들은 이러한 세태에 역행하며 지난 8개월 동안 책쓰기 여정을 함께하였습니다. 다들 이 책을 쓰면서 어땠는지, 소회를 한 번 얘기해주세요.

이복선: 저는 예전부터 일기도 쓰고, 블로그도 하고 시도 좋아했어요. 그런데 창의력은 없다고 생각했어요. 사실… 빠질 타이밍을 놓쳐서 여기까지 온 거예요. 수업이 마무리되고 끝나는 줄 알았는데, 동아리가 형성되고, 함께 책을 내는 것으로 점점 이야기가 되면서, '어? 내 수준과 너무 다른데?' 계속 '큰일 났네, 빠져야 하나' 생각하다가 또 모이고, 또 만나면 좋고, 이러니까 못빠지고 온 거예요. 내가 과연 글을 쓸 수 있나, 내가 지금 뭘 하고 있는건가, 글 피드백 받으면 고쳐야하는데 막 어지럽고, 끝도 없고… 접어놨다가 또 보고, 접어놨다가 또 보는데… 스트레스도 많이 받고. 꽤나 무모한 도전이었던 것 같아요.

김지원: 뭔가 대단한 비전이 있어서 썼다기보다는 모임에 못빠져서 결국 여기까지 오게 된 거네요?

이복선: 그렇죠. 그전에 블로그 포스팅 하는 것도 약간 스트레스였거

든요. 그런데 연속적으로 글을 써보니까, 예전에 블로그 쓰던 건 껌이었네 하는 생각이 들더라고요. 하고 나니까, 넘고 나니까 되게 뿌듯하고 내가 할 수 있었구나 이런 생각이 들면서 저 나름대로는 성장을 조금 한 거예요.

박주헌: 저는 수업 제일 처음에 왔을 때를 떠올리면서 나비효과가 생각났어요. 그때 그 수업이 모임으로 이어질 지는 몰랐고, 책을 내게 될 지는 더더욱 몰랐고요. 그냥 뻘쭘하게 수업 듣다가 다 헤어지겠지 라는 생각을 했었는데, 이렇게 이어진 것이 신기합니다.

이진아: 저는 김지원 작가님이 이끄는 독서모임에서 받은 좋은 에너지를 이어가고자 이 글쓰기 커뮤니티에 참여했었어요. 그런데 제 안에 감춰진 이야기를 글자로 세상에 꺼내놓는 것은 많은 용기가 필요했습니다. 지독히도 아팠던 성장통을 글로 적어내는 것은 부끄럽고, 고통스러웠던 저를 마주 해야만 하고 밖으로 드러내는 것이라 겁을 먹었나 봅니다. 두려움으로 시작하였지만 인생사 중 의미 있는 기억들을 추려내 에피소드의 주제를 정하고, 페이지를 채워나가며 한 발자국 멀리서 나를 바라보게 되었어요. 그러면서 자연스레 치유의 과정을 지나는 경험을 했습니다. 한편의 글이 마무리될 때마다 희망을 다짐하는 마지막 구절을 적어나가며 계속 성장하는 느낌이었습니다.

김시남: 저도 글을 쓰면서 많이 부끄러웠어요. 혼자서만 끼적이다가, 다른 사람한테 보여준다고 생각하니까, 내가 다 까발려지는 느낌이었어

요. 다른 사람들의 솔직한 이야기들은 다 받아들여지는데, 내 내밀한 이야기들을 쓰는 것이 좀 많이 부끄러웠습니다. 아는 사람들이 "야, 너 그랬었어?"라며 저를 달리 볼 수도 있고…

김지원: 그런데 검열하기 시작하면 글 쓰기 힘들어요. 우선 쓰고 싶은 걸 모조리 다 쓰고, 그 다음에 수정하거나 다듬거나 빼는 게 좋은 것 같아요. 그리고 누구나 어릴 때 실수를 할 수 있고, 사실 어릴 때 방황 안 하는 게 이상한 거 아닐까요? 교장선생님도 옛날에 그런 시절이 있을 수 있고, 또 그게 인간이니까… 저는 지금 이 사회가 그런 것에 있어서는 충분히 열려 있다고 생각합니다.

김시남: 네. 그리고 그런 것도 느꼈어요. 사람이 여유 있다고 하고 싶은 거 할 수 있는 게 아니라는 것이요. 지금은 바쁘니까 나중에 내가 여유 생기면 이거 해야지, 이러면 결국 못한다는 거예요. 바쁜 틈바구니 속에서 일을 벌이고, 바쁠 때일수록 그 가운데서 뭔가를 찾아내려는 노력이 결과물을 만들어주는 것 같아요.

김미진: 이 책의 수제가 성장통이잖아요? 작가님이 세 글에 피드백을 주시는데 '성장통이 안 느껴진다', '성장통이 희미하다'는 거예요. 그래서 혼자서 이런 저런 생각들을 하면서 제 인생을 굉장히 세세하게 돌아보게 되는 전환점을 가졌던 것 같아요. 그리고 그냥 머릿속에 떠돌아다니던 생각들이 결과물로 나오는 과정을 지켜보면서도 많이 배웠어요. 제 일이 피아노 연주 이런 류다 보니까 저는 한 번도 처음부터 뭔가를 기

획해서 결과물을 만들어내는 그런 일을 해본 적이 없었거든요. 하지만 아주 작은 일에서부터도 기획으로 시작해서 기획으로 끝나는 과정을 보면서 많이 배울 수 있었던 것 같아요. 그래서 저도 더 자극받아서 '이렇게 해야 되는 거구나' 깨달았어요. 마지막으로… 뭔가 일을 벌이고 마무리하는 과정에서 저 혼자였으면 아마 쓰지 못했을 것 같은데, 함께 하는 모임의 힘이란 진짜 대단한 것 같아요. 그래서 책을 내고자 하는 제 꿈을 이룬 것 같고, 이것을 계기로 '다 비슷한 원리이겠구나, 다른 것도 해볼 수 있겠다' 하는 용기가 생겼어요.

박주헌: 그냥 단순하게 생각하는 게 더 좋다는 생각도 들어요. 과정은 뭐, 되게 복잡하겠죠. 중간의 과정은 되게 복잡하겠지만, 그건 그때그때 겪으면서 그냥 풀어나가면 되는 거고, 일단 내가 책을 내겠다, 그러면 그냥 쓰면 된다, 이렇게 생각하는거죠.

권정심: 오랜 세월 살다 보면 무언가를 '하고 싶을 때'가 있어요. 예를 들어, 내가 외국 여행 가고 싶을 때가 있어요. 아프리카에 가고 싶어, 그러면 그때 가야지, 몇 년만 지나도 그 마음이 사그라져요. 글 쓰고 싶은 마음도 마찬가지인 것 같아요. 하고 싶을 때 해서 이렇게 쓴 거지, 그때 안 하면 또 못 해요. 젊은 선생님들은 '그거 내가 하고 싶다, 너무 하고 싶다' 그러면 꼭 하시라고 이야기하고 싶어요.

김지원: 너무 좋은 인사이트입니다. 저에게도 이 과정은 첫 도전이고, 어찌보면 무모한 일이었던 것 같아요. 그래도 늘 그랬듯이, 한바퀴 돌

고 나니, 할 만한 일이었다는 생각이 드네요. 배운 게 정말 많았는데요. 우선 모든 선생님들의 삶에서 반짝이는 감동을 느꼈습니다. 여러분의 글을 고치고 또 고치고, 읽고 또 읽으며 여섯 편의 영화 스토리에 푹 빠져있다 나온 느낌입니다. 각자의 삶에서 치열하게 고민하고 노력하시는 모습들 자체가 우선 큰 감동이었습니다. 글에 대해 피드백을 드리고 또 그걸 수정하고, 또다시 피드백을 드리고, 또 수정하면서 글 퀄리티가 점점 좋아지는 것을 보는 것도 뿌듯했구요. 여러분이 이 보석같은 에세이들을 쓰면서 글쓰기에 있어 각자 많이 성장했구나, 하는 것을 느낄 수 있었습니다. 자, 다음은 우리… 어떤 글을 써볼까요?

내가 통과한 매운 계절들

초판 1쇄 펴냄 2024. 12. 24.

지은이　정행글숲 (김지원 권정심 김미진 김시남 박주헌 이복선 이진아)
펴낸이　조대웅
펴낸곳　도서출판 지금풍류
등　록　제2015-000009호
주　소　(14557) 경기도 부천시 양지로 234-9, 205동 1201호
전　화　010-6300-0214
이메일　b612piano@hanmail.net

ⓒ 김지원 권정심 김미진 김시남 박주헌 이복선 이진아, 2024
ISBN 979-11-91408-14-0 (03810)

* 무단전재 및 무단복제를 금합니다.
* 잘못된 책은 구입하신 곳에서 바꾸어 드립니다.